# DE LA DÉFENSE

## EN MATIÈRE CRIMINELLE

### THÈSE POUR LE DOCTORAT

PAR

## C. G. TÉNÉKIDÈS

LAURÉAT DE LA FACULTÉ DE DROIT D'AIX

PARIS

LIBRAIRIE NOUVELLE DE DROIT ET DE JURISPRUDENCE

ARTHUR ROUSSEAU

ÉDITEUR

**14, rue Soufflot et rue Toullier, 13**

1897

# THÈSE DE DOCTORAT

# DE LA DÉFENSE

# EN MATIÈRE CRIMINELLE

## THÈSE POUR LE DOCTORAT

*L'acte public sur les matières ci-après sera soutenu le
mardi 25 Mai 1897, à 8 heures et demie*

PAR

## C. G. TÉNÉKIDÈS

LAURÉAT DE LA FACULTÉ DE DROIT D'AIX

Président : M. LE POITTEVIN

*Suffragants* { MM. SALEILLES / PILLET } *agrégés*

## PARIS

LIBRAIRIE NOUVELLE DE DROIT ET DE JURISPRUDENCE

## ARTHUR ROUSSEAU

ÉDITEUR

14, rue Soufflot et rue Toullier, 13

1897

A LA MÉMOIRE DE MON PÈRE

Mes regrets ne s'en sépareront
jamais


A MA MÈRE

Témoignage
de reconnaissante affection

# INTRODUCTION

NOTIONS GÉNÉRALES

> « Quoiqu'en puisse dire l'envie
> ou la malignité, il y a quelque
> vertu à descendre dans les
> cachots pour y relever l'espoir
> d'un accusé et lui porter des
> consolations.
>
> DUPIN

Je n'ai pas l'intention d'insister outre mesure sur la légitimité et les caractères généraux de la défense. De grands esprits l'ont formulé dans des pages éloquentes, et je m'en voudrais de m'engager témérairement dans cette voie.

Je n'émettrai que quelques brèves considérations.

La défense tout d'abord éveille l'idée d'une agression et c'est cette agression qui la rend nécessaire et légitime. Lorsque la vie d'une personne est en péril, et que le danger est imminent, la loi, se préoccupant de l'instinct de conservation que la nature a placé dans l'âme de toute créature, permet à la victime de repousser son agresseur et de le mettre à tout prix dans l'impossibilité de nuire. Le meurtre, dans l'espèce, ne serait pas un crime, car il est commandé pour ainsi dire par la situation. Telle est la légitime défense. Ce droit de repousser la force par la force qui se dégage de la belle définition de Cicéron constitue un principe fondamental et vrai. La défense dont je vais m'occuper, pour différer sensiblement de celle dont parle l'orateur romain, n'en est pas moins légitime.

C'est ce que je tâcherai de prouver.

Un crime est commis. Telle personne est soupçonnée d'en être l'auteur. La société a le droit, le devoir de rechercher le coupable, d'établir sa culpabilité, et de lui infliger un châtiment. Nous ne recherchons nullement où la société puise ce droit de punir, peu nous importe si c'est dans un *contrat social* ou ailleurs (1). Malgré les débats passionnés auxquels cette question a donné lieu, nous la considérons comme résolue. Nous sommes certain que nul ne refusera à la société le droit de punir pour ne pas renverser les idées reçues et l'ordre social établi. Car, dans l'intérêt de sa conservation et de sa tranquillité, il est nécessaire et indispensable que la société punisse les personnes qui violent des préceptes considérés comme les conditions essentielles de son existence. Les délits nuisent au peuple tout entier, et l'état qui personnifie l'intérêt commun doit les réprimer.

Ce droit reconnu à la société, que faut-il penser de l'accusé, c'est-à-dire de la personne qu'on croit à tort ou à

_______________

(1) Beccaria J-J. Rousseau.

raison être le coupable. Faut-il lui reconnaître le droit de la défense ou laissera-t-on l'accusation suivre seule son cours ? Il est difficile de ne pas reconnaître à l'accusé un droit de si haute évidence. L'idée que l'attaque émane en notre matière du pouvoir social, pouvoir libre et indépendant, offrant toutes les garanties de justice et d'impartialité, ne nous arrête pas un seul instant. On ne peut craindre en effet les nombreux inconvénients qui se rattachent aux accusations individuelles, mais cette considération laisse subsister notre principe dans toute sa force. L'attaque, quelle que soit sa nature ou sa provenance, a toujours pour corollaire la défense, qui relève ainsi du droit naturel. C'est en effet un de ces principes immuables et divins que nos codes se font l'honneur de constater et de reconnaître.

Loin de le considérer comme ayant un intérêt secondaire et d'ordre privé en opposition avec celui de la société, nous le plaçons au même rang et nous y attachons la même importance. « On parle toujours de justice, disait Ayrault (1), et l'on oublie le droit de la défense comme si la justice ne comprenait pas le droit de répression et de défense réunis, et Faustin Hélie (2) reproduisant la même pensée, dit que le premier besoin de la société est la justice, et qu'il n'y a point de justice là où la défense n'est pas entière, car il n'y a pas certitude de la vérité.

(1) *Ordre et formalités judiciaires* L. 3.
(2) *Inst. crim.* T. 7, n° 3324.

Et cette défense s'accomplira par le raisonnement et la parole qui ne nous ont été donnés par la bonté divine, dit Cicéron (1), que pour apprendre, enseigner, discuter, communiquer entre nous, resserrer les nœuds de la société civile et faire régner la justice parmi les hommes.

Elle sera confiée à l'accusé lui-même ou à toute autre personne qu'il lui plaira de choisir. Cette possibilité de se faire représenter par autrui en justice, complète et fortifie notre principe. Le conseil est la personnification du droit de la défense, c'est la défense vivante, qui n'existe fort souvent que si elle est exercée par des personnes réunissant certaines conditions d'instruction et d'expérience. Les prévenus sont souvent illettrés et ignorants et les astreindre à se défendre seuls, c'est opposer à la main vigoureuse de l'accusation une bien faible résistance.

L'inégalité entre l'accusation et la défense serait évidente, si l'on n'accordait pas cette latitude à la seconde. Le ministère public, qui représente la société dans les procès criminels, se compose de magistrats connaissant parfaitement la loi, et sachant grouper avec un art infini les charges de la culpabilité. Ne faut-il pas lui opposer des défenseurs pouvant lutter efficacement avec lui?

A côté du caractère d'égalité dont nous venons de faire une application, nous trouvons celui de liberté. On peut dire que toute disposition, toute tendance à placer l'accusé dans un état d'infériorité dans la lutte qui va s'engager

_______________

(1) *De off.* L. 1, c. 3.

entre lui et la justice, constitue une atteinte à la liberté
de la défense.

Ce principe de liberté est si évident qu'Ayrault (1)
qualifiait de tyrannique la défense qui n'était pas libre.
Il est reconnu actuellement par nos lois positives. Peut-
être ne le fut-il pas de tout temps ! L'histoire du droit
nous met quelquefois en présence d'accusations aveugles
et intéressées, et de lois se faisant leur complice. On
peut citer dans ce dernier ordre d'idées, la coutume de
faire prêter serment à l'accusé, coutume qui remonte à des
temps reculés, qui fut en grand usage sous les Mérovingiens et que l'ordonnance de 1670 laissa encore en vigueur.
On peut y ajouter surtout la disposition de cette même ordonnance qui défendait aux accusés d'avoir des conseils,
la loi du 22 prairial an II qui n'accordait pas de jurés aux
conspirateurs, les lois enfin des 11 septembre 1790 et
3 brumaire an II qui supprimèrent l'ordre des avocats.
Ces lois, pourrait-on objecter, donnaient à la liberté de la
défense, sa plus haute expression, car aucune limite
n'existait dès lors au choix que les accusés pouvaient faire
de leurs défenseurs. Mais nous nous hâtons d'observer
qu'une liberté illimitée et sans frein dégénère souvent en
licence, une réglementation utile au contraire fortifie les
Institutions, et leur assure une longue existence. Aussi
les décrets précités provoquèrent-ils de nombreux abus.
On vit des gens sans aveu défendre des accusés. Ces dé-

(1) *Loc. cit.* I. 1. c. 8.

fenseurs offraient évidemment trop peu de garanties pour convaincre le tribunal, alors même que leurs prétentions pouvaient être justes et fondées. On vit même des gens condamnés à des peines afflictives et infamantes défendre les prévenus.

Ces violations législatives de notre principe constituent fort heureusement pour l'honneur humain des faits isolés et rares. Elles prouvent seulement que les lois sont faites par des hommes et qu'elles se ressentent trop souvent de leur faiblesse et imperfection.

Conforme au génie hellénique, la liberté de la défense était en grand honneur chez ce peuple si avide toujours de proclamer ce qui était noble et libéral. Elle était encore respectée à Rome, où les tendances strictes des Romains furent impuissantes à la bannir. L'ancien droit fut beaucoup moins tolérant et se préoccupa peu du sort des accusés.

Mais la Révolution devait généreusement proclamer ce qu'on avait étouffé depuis les siècles antiques. Un des principaux droits de l'homme — disait le préambule du décret de l'Assemblée nationale du 9 octobre 1789 — est celui de jouir, lorsqu'il est soumis à l'épreuve d'une poursuite criminelle, de toute l'étendue de liberté et de sûreté pour sa défense ; et malgré la Terreur, qui obscurcissait alors l'horizon, d'illustres accusés furent vaillamment défendus. Qu'on se souvienne des défenseurs de Louis XVI, de Marie-Antoinette, de Charlotte Corday, et de tous ceux qui n'ont pas craint de protester contre la fureur révolutionnaire.

La liberté de la défense est donc un privilège des pays libres. Les régimes absolus lui font une part de plus en plus étroite, les régimes parlementaires, où le suffrage universel assure la souveraineté du peuple, lui sont au contraire beaucoup plus favorables.

Napoléon combat toutes les libertés qui peuvent porter ombrage à sa toute puissance. Ennemi de la liberté individuelle et de la liberté de la presse, il ne peut pas ménager celle dont nous nous occupons. Les avocats sont pour l'empereur des factieux, des auteurs de crimes et de trahisons. Il ne rétablit leur ordre que tardivement et comme à regret (1); pour n'avoir pas cédé au vertige et à l'éblouissement de sa gloire les avocats avaient longtemps senti la main du maître (2) ».

La défense doit exister avons-nous dit dans l'intérêt même de la justice. Elle doit toujours suivre l'accusation, même quand elle semble n'avoir pas sa raison d'être. Qui donc penserait à supprimer la défense et toutes les règles protectrices de la procédure dans le cas de flagrant délit sous prétexte que la constatation matérielle rend inutile

(1) JAMAIS. Discours de rentrée, 29 nov. 1880.

(2) La défense n'est pas très libre dans les gouvernements très absolus. Tout ce qui entrave la liberté de l'esprit, tout ce qui comprime la pensée et l'oblige à se réfugier dans l'équivoque enlève à l'éloquence son aliment et ses ailes. On raffine sur les mots. On apprend à dire avec élégance des choses sensées. On crible son adversaire et au besoin le gouvernement lui-même de sous-entendus piquants et de réticences spirituelles. Mais on n'entraîne personne etc. (Barboux. Discours de rentrée à la conférence des avocats 1881.)

toute justification ? Il y aurait là un fait arbitraire indigne d'une nation libérale et civilisée. Qu'importe qu'un délit soit prouvé à l'évidence ! N'y a-t-il pas toujours lieu d'examiner les circonstances qui l'entourent, d'en rechercher le mobile ? Ne doit-on pas se mettre dans la situation du prévenu, sonder les replis les plus profonds de son âme et lui tenir compte des quelques bons sentiments qui peuvent encore s'y trouver ? Faut-il faire preuve de la même rigueur envers le récidiviste et envers celui qui a d'excellents antécédents judiciaires ? Ce sont autant de questions que la justice a le devoir d'examiner minutieusement avant de se prononcer.

La défense enfin doit exister en toute matière criminelle, correctionnelle, ou de police, et dans tous les cas, qu'il s'agisse d'infractions politiques ou de violations de droit commun. Et nous entendons par là, la défense complète, accompagnée de toutes ses prérogatives. On a dit que l'usage de défenseurs en cette matière devient impossible par la force même des choses, les crimes politiques ne consistant souvent que dans la profession de certaines idées et opinions. Dans ce cas, un avocat ne peut être appelé à les défendre, sans se les approprier, sans en devenir complice. Cette idée de complicité qui serait une véritable utopie dans les crimes de droit commun, est ici encore surannée et fausse. La complicité comme le crime, éveille nécessairement l'idée d'une intention plus ou moins criminelle que nous sommes impuissant à découvrir dans la tâche honorable des avocats. Loin de pour-

suivre telle ou telle chimère politique ou sociale, ils cher-
chent simplement à faire ressortir et valoir les droits des
accusés. Nous ne voyons aucune bonne raison pour muti-
ler ainsi la défense, dans des causes où la criminalité ne
peut forcément avoir qu'un caractère relatif, et dans lesquelles, fort souvent, le crime d'aujourd'hui devient l'acte
d'abnégation et d'héroïsme de demain. Nous ne voulons
pas donner à croire par cette dernière réflexion, qu'un
criminel ordinaire, dont l'acte est réprouvé par la morale
universelle, ne puisse pas invoquer la défense entière et
complète. Nous pensons simplement que ces droits doivent
exister *a fortiori* aussi intacts et aussi inviolables dans
des cas où peut-être le criminel n'en est pas un.

Le concours des défenseurs est précieux dans tous les
cas. Il a toujours aussi un caractère humanitaire, surtout
dans le cercle de préventions et d'abandon qui se forme
autour des accusés.

« C'est une sainte et noble mission que celle de l'avocat.
« disait Chaix d'Est-Ange, quand un homme est innocent,
« quand il est abandonné par les siens, renié par ses
« amis, maudit par tout le monde, de se placer près de lui
« et de le défendre, comme le prêtre qui s'attache au pa-
« tient, et qui à travers les clameurs du peuple l'accom-
« pagne jusque sur l'échafaud et le renvoie absous devant
« Dieu (1). »

Dans quelle mesure maintenant les droits de la défense

(1) Plaidoyers. J. L. p. 257. Publ. Me. Rousse.

sont-ils sauvegardés dans le Code d'Instruction criminelle ?
Notre sentiment, qui est du reste celui de plusieurs auteurs,
peut se formuler ainsi : La défense fait défaut pendant
toute l'instruction. Elle est complète ou presque complète
à l'audience. On peut dire qu'elle commence d'une façon
sérieuse lorsque le président des assises interroge l'accusé,
et l'interpelle afin de déclarer le choix qu'il a fait d'un Conseil pour l'aider dans sa défense, art. 293 et 294. c. i. c.
Le dernier article ajoute *in fine*, que dans le cas contraire le juge lui en désignera un sur le champ, à peine de
nullité de tout ce qui suivra. C'est la consécration de l'assistance obligatoire en matière criminelle ! Bel et noble
principe, le plus noble peut-être que notre instruction criminelle ait proclamé.

Ces quelques préliminaires posés, nous allons entrer
immédiatement dans l'examen proprement dit de notre
sujet. Nous étudierons la défense, dans ses parties surtout
les plus essentielles. Nous examinerons la situation de l'inculpé dès le début de l'action publique, jusqu'au moment
où le jury rend son verdict. Nous en tracerons les
diverses péripéties, pendant l'inculpation d'abord, la prévention ensuite, l'accusation enfin. Nous mettrons en
lumière au cours de notre étude les principes certains et
positifs, les réformes projetées, et nous rechercherons dans
quelle mesure on pourrait introduire ces dernières dans
notre législation.

Nous n'avons nullement l'intention d'épuiser notre
sujet. Il est si vaste, qu'on ne saurait jamais tout dire. Il

demanderait surtout une profonde érudition, une grande
expérience et d'autres qualités qu'on ne trouvera certes
pas dans cette étude incomplète. On y suppléera peut-être
avec beaucoup de bienveillance en pensant à cet indul-
gent mot de Théophile Gauthier :

Il est si difficile de faire une brochure médiocre !

# PREMIÈRE PARTIE

---

## CHAPITRE PREMIER

DROIT HELLÉNIQUE.

> Οὐδὲ ζῆν ἠξίο υν εἰ μὴ μετ
> ἐλευθερίας ἐξέσται τοῦτο ποιεῖν.
> Δημ. περὶ Στεφάνου.

La défense dans le droit hellénique, doit attirer quelque peu mon attention. Comme l'art et la littérature, la législation de ce peuple n'est point à négliger en raison de son grand intérêt et de sa haute importance. La science du droit l'a compris et a commencé récemment à discerner et à approfondir l'élément hellénique. Il y a quelque temps les recherches s'arrêtaient au droit romain, elles allaient rarement au-delà. C'est que l'admiration pour ce droit était devenue presque du fanatisme chez les jurisconsultes, qui voyaient avec un profond dédain tout ce qui lui était étranger. Pénétrés de cette idée que le droit romain pouvait seul créer des théories et des principes, les interprètes lui attribuaient volontiers la génèse de toutes les institutions et lui demandaient, comme à une puissance magique, la solution de tous les problèmes.

Beaucoup de difficultés disparaîtraient (hypothèque), beaucoup de controverses n'existeraient pas (gentiles),si au lieu de se perdre dans des conjectures au milieu du dédale romain, on se donnait la peine de remonter un peu dans l'histoire. On verrait que le champ d'imitation sur lequel Rome a marché est encore plus vaste qu'on ne le croit.

Ces préliminaires justifiant amplement cette partie de mon historique, j'arrive immédiatement à mon sujet.

Je ne me placerai qu'au point de vue du droit athénien, de celui surtout en vigueur au temps de Démosthène. Athènes était la plus haute expression de la civilisation. C'était le prytanée de la Grèce selon Platon. L'époque préhistorique de la Grèce est toute empreinte d'une imagination féconde et naïve. Comme la divinité, nous dit le jurisconsulte belge Thonissen (1), la justice revêt un caractère mythologique. L'équité (Θέμις), le droit (Δίκη) sont dans l'esprit de ce peuple des personnalités. Homère et Hésiode nous l'affirment (2).Ce dernier nous dépeint la justice dans « les travaux et les jours », couverte d'un nuage, et errant en pleurs dans les cités des peuples où elle apporte le malheur à ceux qui l'ont chassée et n'ont pas jugé avec droiture. Je laisse donc de côté cette époque, admirable, si l'on veut, par son caractère héroïque, mais dont on ne peut tirer rien de précis ni de sûr.

(1) Droit pénal athénien.
(2) ἔργα καὶ ἡμέραι

L'accusation dans la législation attique avait un caractère tout autre que dans notre droit actuel. La société n'y était pas représentée comme aujourd'hui par un corps spécial et distinct de magistrats. Chaque citoyen avait le droit de poursuivre un délit qui portait atteinte au peuple tout entier, comme le crime de conspiration, d'outrage aux mœurs, ou à la divinité (1). C'était la conséquence logique de cette idée que le peuple est seul souverain, que tous les pouvoirs émanent de lui, et qu'à défaut de délégation spéciale, tous les citoyens doivent être associés à l'exercice de l'action publique (2).

Quant aux crimes qui ne nuisaient qu'à une personne déterminée ils ne pouvaient être dénoncés et poursuivis que par la personne qui en avait souffert. Peut-être les parents les plus proches de la victime avaient-ils le droit de se joindre à l'accusation. Dans le cas de meurtre, ce droit devenait pour eux un devoir, et en cas d'inaction, ils pouvaient être eux-mêmes poursuivis comme impies (3). Cette distinction des crimes en publics et privés, n'était pas un effet du hasard, elle était rationnelle et reposait sur un critérium certain. On comprend en effet facilement que les infractions pénales n'offrent pas toujours le même caractère. Elles ne lèsent souvent qu'un intérêt privé et ne blessent le corps social que d'une façon médiate. Elles peuvent donc être assimilées sans grand inconvénient à

(1) Apol. Socrate.
(2) PLATON Lois.
(3) DARESTE *Journal des savants*, 1878, I, 629.

des infractions civiles. Le plaignant dans le cas est maître
de l'accusation et peut s'en désister si bon lui semble. C'est
un trait saillant des anciennes législations de faire prévaloir
l'intérêt privé sur l'intéret général à moins que ce dernier
ne présente un caractère exceptionnel de gravité. Aussi
la législation athénienne renforçait-elle dans de pareilles
circonstances (attentat contre la démocratie, participation
à une association désignée contre elle, livraison à l'ennemi
d'une place forte ou de vaisseaux, etc.) le droit de dénonciation des citoyens par celui des thermomètes.

Nous ne trouvons point dans la Grèce antique une procédure analogue à l'information de nos jours. Le soin de
rassembler les preuves et d'interroger les témoins était
laissé, comme la poursuite, à l'initiative privée. L'accusé
était suffisamment protégé contre la haine et la passion
des accusateurs par les peines qui étaient infligées aux
plaideurs téméraires et aux *sycophantes*. Il n'était pas
dans une situation beaucoup plus défavorable que celle
qui lui est faite actuellement en France pendant l'instruction. Le magistrat instructeur offre, nous voulons le
croire, des garanties de probité et d'impartialité que ne
pouvait avoir l'accusateur ; mais comme nous essaierons
de le démontrer dans la suite, l'instruction n'est point
organisée pour prévenir des erreurs possibles, ni pour
disculper un accusé innocent. Un particulier responsable
vaut mieux qu'un magistrat souverain sans aucun contrôle dans ses actes (1).

(1) Démosthène. *Sur la couronne.*

On peut être tenté de voir dans l'*Archonte*, chargé de
recevoir les dénonciations et d'examiner certaines questions préjudicielles, telles que la question de compétence
et celle de savoir si la dénonciation était sérieuse, on peut,
dis-je, voir en lui une juridiction analogue à celle du juge
d'Instruction. Mais il n'en est rien. Il n'y a aucune analogie entre les fonctions de ces deux magistrats. L'assimilation de la juridiction de l'archonte à celle de la Chambre des
mises en accusation serait plus logique. Car c'était l'archonte qui décidait s'il y avait lieu de mettre en accusations le prévenu et dans ce but il désignait le tribunal (1).

Ce magistrat constituait donc une juridiction sommaire
destinée à exercer une espèce de contrôle sur les dénonciations.

Telle était la marche de l'accusation. Les droits de la
défense étaient suffisamment sauvegardés. Nous voyons
tout d'abord un procédé destiné à informer l'accusé de
l'accusation portée contre lui et à le mettre à même de
se défendre. Les Grecs n'ont pas connu la citation personnelle. Un exposé de l'accusation était affiché dans
le prétoire (2). L'accusé n'était pas pris à l'improviste.
Il avait le temps de préparer sa défense. Il pouvait et
devait même se présenter devant un magistrat pour proposer telles exceptions ou telles excuses. Il pouvait par
exemple, demander un délai pour préparer sa défense.
La présomption d'innocence dominait toute la procédure

(1) Sigonius. L. 3. C. 14.
(2) F. Hélie.

attique, jusqu'au jugement. Ayrault dans son intéressant livre d'instruction judiciaire s'exprime ainsi. « Tant s'en faut que l'accusé fut en arrest pendant l'instruction qu'il n'estait pas même tenu pour accusé que jusques au jour que les parties venaient plaider amenoient et produisoient leurs témoins » (1).

Le tribunal était convoqué par le magistrat saisi de la plainte. Il devait se réunir à deux reprises différentes pour prêter serment et pour juger.

Démosthène, dans son discours sur la couronne, relève l'importance du serment que les lois de Solon imposaient aux juges. Il ne faut pas y voir, disait-il, une raison de défiance, mais un désir scrupuleux de sauvegarder les intérêts en cause. Les juges seront plus soucieux de leur tâche, si on les rend responsables devant la divinité de leur partialité possible. Le serment les invitait à prêter à l'accusation et à la défense, une oreille également impartiale. Ἴσον καὶ κοινὸν ἀμφοτέροις ἀυροατην.

L'archonte convoquait enfin les juges pour l'examen de 'affaire et pour le jugement. Ces juges étaient pris comme aujourd'hui dans le sein du peuple. On peut voir dans ce mode de recrutement une institution analogue à notre jury actuel.

Les citoyens participaient à Athènes aux jugements criminels (2). L'accusation était lue tout d'abord par le

(1) L. III. P. 412.
(2) *Discours sur la Couronne.*

crieur public. Cette lecture terminée, la discussion s'engageait entre les plaideurs.

Dans le tribunal ou sénat de l'aréopage l'accusateur
occupait la pierre de l'insulte (λίθος ὕϐρεως) et l'accusé celle
de l'imposture (λίθος ἀναιδείας). Ces qualifications imagées
n'étaient pas sans renfermer une certaine part de vérité,
étant données les personnalités et les invectives auxquelles
se livraient les plaideurs Grecs. On peut s'en convaincre
en parcourant Démosthène. Cet orateur s'épuise en insul-
tes inutiles contre les parents de son adversaire. Je ne
sais pas trop ce qui importait à sa défense qu'Eschine eût
appelé son père Intrépide au lieu de Tromès et sa mère
Glaucothée au lieu d'Empuse. De telles récriminations seraient aujourd'hui par trop naïves. Peut-être trouve-t-elles
quelque justification dans l'esprit du temps et le pen-
chant du peuple. Cette raison nous permet seule de comprendre certains traits de la justice athénienne, comment
Périclès accusé d'avoir dilapidé les fonds publics en dé-
penses excessives pour l'embellissement de la ville, fut
acquitté par une justification habile, comment Théophraste
n'eut pas même à se justifier d'une accusation d'impiété,
son respect pour la divinité étant connu, et comment enfin
cette accusation avant même qu'elle n'eût pu se produire
faillit entraîner la condamnation de l'accusateur.

L'accusé pouvait-il se faire assister d'un défenseur ?
Il avait sans doute ce droit, mais le rôle du défenseur
devait se borner à compléter les explications présentées par
l'accusé. Il était habituellement le parent ou l'ami de ce

dernier. Souvent l'accusé faisait rédiger son discours d'avance par des rhéteurs connus sous le nom de logographes (Lysias Isocrate) et le prononçait lui même en justice. Mais la véritable notion du défenseur n'est pas due à la Grèce d'après un éminent professeur de la Faculté de Paris (1). Platner toutefois considère la défense, comme pouvant être présentée complètement par une tierce personne, selon l'usage moderne (2).

Le droit de défendre n'était pas conféré à tous sans exception. En étaient exclus les étrangers, les esclaves, les femmes, les impubères et les personnes notées d'infamie. La nomination d'un conseil d'office semble être inconnue en Grèce. Les indigents devaient, par conséquent, se résoudre à se défendre eux-mêmes. L'accusé comme l'accusateur avait le droit de citer des témoins. Ceux-ci n'étaient pas tenus de prêter serment, mais ils pouvaient le faire volontairement (3). C'était les plaidoiries qui contenaient le résumé de leurs dépositions, car il n'y avait point une audition spéciale des témoins en justice, c'était les parties qui prenaient, comme nous l'avons déjà remarqué, le soin de les interroger.

Les plaideurs ne pouvaient pas prolonger à leur gré leurs plaidoiries. Ils étaient tenus de terminer lorsque l'eau de la *Clepsydre* avait cessé de couler. Il ne faut pas voir là une grande entrave à la liberté de la défense. Le temps fixé

(1) GLASSON. Grande Encyclopédie. *Avocat.*
(2) Der Proces bei den Attikern.
(3) DARESTE *Journal des savants.*

par cet instrument pouvait être connu approximativement. Les défenseurs pouvaient être à même d'exposer leur moyens dans un délai suffisamment déterminé. Les Clepsydres ne devaient pas avoir toujours, selon moi, les mêmes dimensions. Elles devaient varier selon l'importance des affaires. Mais à supposer qu'il en était autrement, les clepsydres étaient plutôt prodigues qu'avares du temps, à en juger par la longueur des plaidoiries grecques.

Les débats en Grèce étaient publics. La plupart des tribunaux (Aréopage-Ephètes) siégeaient en plein air et une simple corde séparait les juges des assistants (1).

La publicité des débats y était essentielle et illimitée. Elle était absolument conforme à l'esprit du peuple hellénique si prompt toujours à s'intéresser à toutes les manifestations de la pensée (2).

Des intérêts de la plus haute importance étaient traités dans les discours, et les Hellènes, amis des luttes oratoires, y accouraient avec empressement. Peut-être faut-il voir un inconvénient dans cette publicité sans frein. Le tribunal pouvait être accessible à des influences politiques, à des passions populaires et une atteinte aux droits de la défense pouvait en résulter. Le savant criminaliste Faustin Hélie dit très judicieusement « que la lutte solennelle qui s'engage entre l'accusation et la défense ne doit subir d'autre influence que celle de la justice. »

Mais la loi hellénique était en général très respectueuse

(1) *Dem. in Aristag.*
(2) Apol. de Socrate.

des droits des accusés. La liberté de la parole ne subissait aucune entrave. Les orateurs ne cherchaient pas de détours pour exposer ce qu'ils pensaient. N'étant point tenus par des règlements à les respecter, ils ne ménageaient ni les institutions, ni les magistrats qui personnifiaient la justice. La liberté de la défense n'avait pas de maximum, elle était plutôt garantie outre mesure que restreinte. Pendant les répliques qui suivaient les plaidoiries, la loi permettait à l'accusé de s'enfuir et de se soustraire aux rigueurs du châtiment. Il devait aussi prendre la fuite, lorsqu'il était acquitté par le tribunal des Éphètes réuni au bord de la mer (ἐν φρεατοῖ). Ce tribunal jugeait ceux qui avaient commis un crime quelconque, après avoir été exilés à la suite d'un meurtre involontaire.

L'accusé ne pouvait rentrer en Attique dont le sol lui était interdit. Mais il pouvait s'approcher du rivage dans une barque pour présenter sa défense. Condamné, il était mis à mort ; acquitté, il reprenait le chemin de l'exil. Fiction ingénieuse, dit M. Dareste (1), « destinée à exprimer à la fois le respect dû au droit de la défense, et la vigilance de la loi Athénienne, non moins attentive à punir les crimes commis par l'exilé, comme à le protéger partout où il trouvait un asile. »

Le doute profitait à l'accusé qui était acquitté en cas de partage des voix. L'acquittement était suivi de sacrifices aux Erinyes et aux dieux de l'enfer. L'histoire nous rap-

(1) *Loc. cit.*

porte qu'Oreste fut absous après partage, par la voix d'Athéné. .

Jusqu'à la condamnation l'inculpé jouissait d'une liberté provisoire sous la seule condition de fournir une caution de trois personnes. La nécessité de la liberté provisoire résultait de l'économie même de la législation. Laisser en liberté l'accusateur et détenir l'accusé, ce serait rompre sans raison l'égalité qui devrait exister entre l'accusation et la défense. On ne pouvait donc détenir l'accusé sans détenir l'accusateur, mais dans ce cas ce serait complètement paralyser les poursuites.

C'est le moment de dire un mot des mesures destinées à garantir la défense contre les accusations irréfléchies.

1° L'accusateur devait déposer une certaine somme qu'il perdait en cas d'acquittement (mille drachmes).

2° Il devait prêter serment devant l'autorité et fournir caution de ne pas se désister avant le jugement.

On comprend facilement la portée de cette mesure. L'accusateur ne pouvait que vouloir échapper aux conséquences d'une accusation intentée à la légère. On voulait donc qu'il offrît pour garantie sa propre responsabilité.

3° L'autorité pouvait déclarer que l'accusation n'était pas sérieuse et refuser le renvoi devant le tribunal.

4° En cas d'acquittement, les juges étaient tenus de se prononcer sur le bien ou mal fondé de l'accusation. Si l'accusateur n'obtenait pas le cinquième des voix il était condamné à une amende de mille drachmes et perdait, encourant l'*Atimie*, le droit d'accuser dans l'avenir. Souvent aussi il était puni comme diffamateur (1).

Les droits de la défense n'étaient nullement sauvegardés dans le cas de contumace, où la condamnation s'imposait. Cette règle, empreinte d'une injuste rigueur, était tempérée par le droit d'opposition qui permettait au délinquant de solliciter un nouvel examen de l'affaire (2).

Il en était de même dans le cas d'ostracisme introduit par Clisthènes. L'ostracisme était une création essentiellement hellénique. En vertu de cette loi exorbitante, l'assemblée du peuple pouvait condamner au bannissement, dont le maximum était dix ans, un citoyen sans accusation, défense ni jugement préalables. Une délibération préliminaire décidait si l'état de la République, nécessitait cette mesure. Aucun nom n'était porté dans la discussion. Ce n'est qu'après que l'Assemblée eût jugé la mesure utile et nécessaire que les dix tribus se réunissaient et votaient l'ostracisme du citoyen, alors seulement connu. Six mille voix étaient nécessaires pour la condamnation. On peut dire pour la justification de cette mesure arbitraire, que dans les petites républiques de l'antiquité, il n'était pas difficile aux citoyens d'acquérir une puissante influence. Or c'est cette influence que l'on voulait étouffer dans son germe, et empêcher de prendre des allures inquiétantes. L'ostracisme s'y prêtait donc admirablement. La tyrannie en outre se dressait comme un spectre dans l'esprit

(1) Apol. Socrate.
(2) Polid. c. L. 8. 6.

des Athéniens, et le danger à conjurer n'était nullement vain ni factice à en juger par la facilité avec laquelle Pisistrate s'était emparé du pouvoir (1).

Il y a lieu de mentionner dans le même ordre d'idées le droit souverain du Sénat de condamner et de punir sans jugement. Il pouvait condamner aux fers, à l'amende et même au supplice. Mais le Sénat ne conserva pas longtemps ce pouvoir.

Après avoir protesté pendant longtemps contre cette iniquité, le peuple finit par lui enlever cette prérogative.

Ce court aperçu prouve suffisamment que ce peuple, essentiellement libre, répugnait en principe à toute mesure arbitraire pouvant entraver les droits de la défense. Les accusés avaient tous les moyens pour parer à l'accusation, car la lutte commencée, aucune inégalité n'existait entre eux et les accusateurs. Les deux parties se trouvaient dans une situation égale, l'une pour rassembler les preuves, l'autre pour les combattre. Le pouvoir public n'intervenait que pour exercer un contrôle. Son autorité ne se faisait sentir qu'au moment du jugement. Jusque là, les parties avaient toute latitude, l'une pour accuser, l'autre pour se défendre.

(1) ARISTOTE. *La République athénienne.*

# CHAPITRE DEUXIÈME

## DROIT ROMAIN

> Ait Praeter: Si non habebunt
> advocatum ego dabo. Nec so-
> lum his personnis hanc huma-
> nitatem preater solet exhibere,
> verum et si quis alius sit qui
> certis ex causis vel ambitione
> adversarii vel metu patronum
> non invenit (Dig. L. III. T.
> II. De postulando. L. 1 § 4.)

On peut se rendre facilement compte par l'exposé qui va suivre de l'analogie existant entre les législations attique et romaine. Faudra-t il l'attribuer à une simple coïncidence, à un caprice du hasard ou à un résultat voulu et calculé ? C'est à cette dernière considération que je m'arrête sans hésiter. Il faut se garder de considérer le hasard comme la source ou la cause des dispositions législatives, lorsqu'on peut trouver des explications plus plausibles. Etant données les relations intellectuelles qui existaient entre les Grecs et les Romains, il n'est pas illogique de penser que les premiers inspirèrent leurs vainqueurs.

À l'origine, le pouvoir judiciaire étant arbitraire, la défense des accusés devait être peu respectée (1). Nous voyons en effet le roi seul juge souverain des procès criminels. Les auteurs nous rapportent qu'il était entouré de conseils et qu'il pouvait déléguer son pouvoir de juger. Mais le principe n'en reste pas moins le même. Les jugements étaient surtout, sinon uniquement, rendus sous l'inspiration royale.

Toutefois la législation ne demeure pas longtemps arbitraire et inculte. Elle subit sensiblement l'influence du temps et du progrès. Elle devient respectueuse des droits individuels méconnus à l'origine. L'arbitraire disparaît peu à peu avec l'accroissement des garanties.

Les rois ou leurs délégués (décemvirs et questeurs) ne sont plus seuls juges du sort des accusés. On introduit d'abord le droit d'appeler de leurs décisions au peuple ; on n'aurait pas tardé de leur enlever leur pouvoir judiciaire, si la chute complète de la royauté n'eût devancé ce résultat. Nous n'avons aucun doute sur ce point, car à peine les consuls, successeurs des prérogatives royales, eûrent-ils obtenu la juridiction criminelle, que celle-ci fut conférée au peuple par la loi Valéria, votée dès la seconde année du consulat. Les assemblées populaires investies de la juridiction criminelle sont les comices par curies, par centuries et par tribus. Je n'ai point à examiner le rôle et la compétence de ces diverses juridictions, je me borne à constater que la plus importante, celle qui consti-

_________

(1) *De orig. juris.* Loi 2, §14

tuait le tribunal criminel de droit commun, c'était l'assemblée des comices. Cette assemblée avait aussi le rôle de garantir les droits de la défense. Elle examinait préalablement les accusations et se prononçait sur leur valeur. Pour qu'une accusation fût admise, elle devait être jugée fondée par les comices centuries, convoqués dans ce but par le consul ou le préteur. Cette mesure s'explique facilement, elle avait un fondement juridique. Étant donné que le droit d'accusation à Rome, comme en Grèce, appartenait au peuple, il était naturel que celui-ci intervînt pour donner son sentiment sur son admissibilité.

L'accusation revêtait de cette façon un caractère public. Elle recevait ainsi le sceau du peuple. Le désir de la rendre solennelle se manifestait aussi par la commission (lex) donnée à l'accusateur par le préteur et qui l'investissait d'une portion de la puissance publique. Cette investiture était d'une importance évidente (1). Elle conférait tous les pouvoirs nécessaires à une marche rapide et expéditive de la procédure.

Le droit d'accusation individuelle, tel qu'il était réglementé à Rome, n'était pas sans offrir de graves inconvénients.

L'accusateur, comme le dit Faustin Helie, cumulait une triple fonction. Il dénonçait le crime, instruisait la procédure et soutenait enfin l'accusation. Il était à la fois plai-

_______

(1) Ceci ressort manifestement de l'accusation de Cicéron contre Verrès.

gnant, juge d'instruction et ministère public. Ces trois
attributions si différentes dans leur essence, confiées aux
soins d'une seule personne, perdaient leur caractère propre et leurs avantages. Réunies ainsi elles manquaient
complètement leur utilité et leur but. Aussi les Romains
pour se prémunir contre les nombreux inconvénients qui
en résultaient entourèrent-ils l'accusation d'une foule de
garanties, et la hérissèrent-ils littéralement d'obstacles.
L'accusateur devait jurer tout d'abord qu'il était déterminé par la vérité et par l'amour du bien public et non
par son propre intérêt (1). De sévères pénalités étaient en
plus édictées contre lui dans le cas de fausse accusation, ou
de fraudes employées pour obtenir quelque résultat à
défaut de preuves. Puis, lorsqu'un nombre plus considé
rable de calomniateurs infesta Rome, lorsque les confis-
cations de Sylla les pervertit, jusqu'à les rendre avides,
et que les procès ne furent plus intentés que pour dépouil-
ler des citoyens innocents de leurs biens, la loi Rémmia
décida, que les calomniateurs subiraient la peine du talion
et l'infamie.

Nous pourrions enfin citer dans cet ordre d'idées diverses prescriptions tendant en même temps à assurer les
droits de la défense.

1° *La postulatio rei,* ou la demande d'autorisation
adressée par l'accusateur au *judex questionnis* ou président du tribunal pour l'introduction de l'instance. Le but

______

(1) Et d'après la loi 7 *de accusat* qu'il soutiendrait l'accusation jusqu'au jugement.

de cette formalité était de scruter le mobile de l'accusation
et de se prononcer sur un choix, en cas de pluralité d'accusateurs. Les autres, ceux qui n'avaient pas été choisis
avaient toutefois le droit de se joindre à l'accusation. C'est
à ceux-là que fait allusion Ciceron dans son discours *pro
Murena* lorsqu'il parle de la *secessio suscriptorum*.

*La nominis delatio* était une déclaration destinée à
donner une certaine consistance au procès *rem ut defi-
niat, hominem ut notet*; On qualifiait en effet l'acte délictuel et on nommait l'accusé. Le jour de la comparution
y était minutieusement fixé par le préteur. Mais le délai
qui séparait cette formalité de la comparution était varia-
ble, et la détermination en était souvent arbitraire, ce
qui constituait aussi une violation de la défense, car c'est
violer la défense que de lui accorder un temps insuffisant
pour se produire efficacement.

Mais fort heureusement, si nous rencontrons quelques
exemples de trop hâtives assignations dans l'histoire romaine, si sous la préture de Ciceron, Manilius n'eût qu'un
jour pour préparer sa défense, et que la fille de Virginius
fût aussi jugée du jour au lendemain puis condamnée à
devenir l'esclave d'un affranchi, nous pouvons considérer
ces faits comme exceptionnels (1). Selon le témoignage
des anciens, 10 à 30 jours étaient accordés aux accusés
pour comparaître et se défendre. Sauf les cas où la haine
et les passions étouffaient tout sentiment de justice les
préteurs accordaient toute latitude à la défense et il paraît

_________

(1) Ces faits nous sont rapportés par Ayrault, lib. cit.

certain que ces délais étaient susceptibles d'augmentation.
L'accusation de Verres par Ciceron nous fournit un puissant argument par analogie, étant donné que 50 jours furent accordés à cet orateur pour se rendre en Sicile et
rassembler ses preuves.

*L'in crimem subscriptio* n'était que la reconnaissance
officielle de l'accusation par l'accusateur, qui signait le
*libellus*, ou exposé de l'accusation et le remettait au consul. Cette formalité accomplie, sa responsabilité se trouvait engagée vis-à-vis de l'accusé et de la cité. *Ne facile
quis prosiliat ad accusationem* nous dit la loi 7 de Acc. au
Dig. *quum sciat inultam sibi accusationem non futuram.*

4° La *nominis receptio* enfin avait lieu lorsque le préteur déclarait l'accusation fondée et admise. A partir de
ce moment, l'inculpé devenait *reus* et était frappé des déchéances énoncées dans la loi 17 § 12 D. *ad munic.* Ces
déchéances relatives aux droits politiques, l'empêchaient
notamment de prétendre à de nouvelles dignités, ce qui
prouve péremptoirement que l'accusé n'était pas, comme
aujourd'hui, présumé innocent. Bien que nous trouvions
cette situation mauvaise en droit, nous la croyons suffisamment justifiée en fait. Il y a de graves présomptions
pour que l'accusation qui pèse sur un accusé soit fondée
et il serait scandaleux de lui accorder au même titre
qu'aux autres les mêmes droits et prérogatives.

Telles étaient les mesures tendant à assurer la sincérité
de l'accusation et la liberté de la défense. Mais le droit
d'accusation lui-même subit plusieurs vicissitudes. Après

avoir traversé de nombreuses étapes, il devient la prérogative du pouvoir public. Nous allons parcourir rapidement son intéressante évolution. Mais tout d'abord, voyons quel en était le principe. Il résulte sans difficulté des dispositions combinées du titre *de accusatoribus* au Digeste. C'est celui du système accusatoire. A Rome, comme en Grèce, le droit d'accusation était conféré à tous les citoyens. Mais des restrictions et des entraves ne tardèrent pas à étouffer le principe. C'est la façon de procéder des Romains, lorsqu'ils trouvent une loi gênante et répondant mal aux exigences des mœurs et de l'époque. Les trop brusques innovations répugnent complètement à leur esprit d'ordre.

Les lois 8, 9, 10 au même titre de *accusatoribus* signalent ces exceptions fondées sur le sexe, l'état et l'inconduite.

La loi 11 se hâtait de restituer aux personnes ainsi atteintes, leur pleine capacité lorsque le crime commis les atteignait personnellement ou dans leurs affections les plus proches.

A côté de ces exceptions, nous voyons des entraves consistant, soit dans l'obligation de désigner le lieu lorsqu'il s'agissait de certains crimes, comme l'adultère, soit dans l'interdiction d'intenter deux accusations à la fois.

Mais toutes ces difficultés disparaissaient dans le cas de crime de lèse-majesté. Ce fut l'œuvre de la loi Julia Majestatis, loi attaquée violemment par de bons esprits. Elle faisait revivre en effet le grand principe de l'accusation conférée à tous sans exception, « aux esclaves » mêmes.

Montesquieu nous dit dans son *Esprit des Lois* (1) « qu'on vit paraître un genre d'hommes funestes, une troupe de délateurs, quiconque avait bien des vices et bien des talents, une âme bien basse et un esprit ambitieux cherchait un criminel dont la condamnation pût plaire au prince, c'était la voie pour aller aux honneurs et à la fortune. »

Une réaction s'imposait. Elle ne tarda pas à se produire. mais ce ne fut encore qu'avec bon nombre d'inconvénients. La crainte de délateurs ou calomniateurs fit tomber les Romains dans un excès opposé. Ils entourèrent l'accusation de tant d'obstacles, (notamment de l'internement de l'accusateur jusqu'à l'issue du procès,) qu'ils la rendirent presque impossible. L'indifférence la plus complète avait succédé au zèle précédent. La société devait donc se charger d'un devoir dont ses membres commençaient avec raison, peut-être, à se désintéresser. *Elle* fut trouvée dans une sorte de légitime défense contre les crimes menacés d'impunité, et le dernier pas dans le progrès qui fut sans doute, la source de notre institution du ministère public fut commandé par la nécessité et accompli par la loi romaine, graduellement et presque à son insu.

Une autre considération était de nature à déterminer la réforme. Le sort des accusés était bien différent, suivant qu'il s'agissait de crimes politiques ou de crimes de droit commun. Les citoyens romains considéraient comme un honneur la poursuite des crimes politiques ; ils croyaient

(1) L. 6, § 8.

s'occuper ainsi de la cause générale et devenir les défenseurs des intérêts de la République. Ils étaient très fiers de cette gloire. Quant aux crimes de droit commun qui ne mettaient en cause qu'un intérêt privé, ils n'éveillaient nullement la vigilance générale. La victime seule prenait à charge de les venger. On peut donc en conclure que la réforme amena l'égalité dans le sort des accusés et, partant, dans leur défense.

L'accusé avait un rôle actif dans la dénonciation. Pendant la période préparatoire du rassemblement des preuves, il pouvait suivre les différentes investigations, assister à l'interrogatoire des témoins et combattre enfin les charges qui en résultaient par un examen contradictoire. La lutte entre l'accusation et la défense commençait dès le début. Cette forme d'instruction était de nature à parer aux inconvénients du système accusatoire romain. On pouvait notamment craindre dans ce système la passion aveugle de la calomnie des accusateurs. Cependant l'accusé ayant toute sa liberté d'action dès le début, pouvait plus facilement dévoiler le mobile intéressé de l'accusation et exposer plus efficacement une défense qu'il avait depuis longtemps préparée,

La situation des parties était aussi égale à l'audience au point de vue des moyens d'action, mais leur attitude était loin d'être la même.

L'accusé se présentait vêtu de deuil, la barbe longue et inculte et versant des larmes comme un suppliant. Il s'efforçait plutôt d'émouvoir la justice que de l'éclairer (1). Il implorait son pardon, que celle-ci pouvait accorder non seulement en vertu de son pouvoir discrétionnaire, comme aujourd'hui, mais en vertu de la souveraineté qui lui était déléguée.

L'accusateur, au contraire, était dans une tout autre situation. Faustin Hélie inspiré par Tacite nous dit qu'il exerçait une sorte de magistrature. Il parlait au nom de la loi violée, de la morale outragée, de la paix publique enfreinte. Il invoquait la coutume des ancêtres, la sainteté des mœurs, la vengeance des crimes. Sa parole était véhémente et sévère. L'accusé se défendait seul au début (2). Mais les Romains s'aperçurent de bonne heure que la défense ne pouvait être ainsi qu'incomplète et, dès le VI<sup>e</sup> siècle, l'usage des défenseurs s'introduit à Rome.

L'honneur de cette institution revient aux Romains nous dit un auteur éminent (3). Mais nous aimerions mieux croire que cette institution fut empruntée au droit hellénique. Là, en effet, on en découvre facilement les germes. A Athènes, les accusés se faisaient assister de défenseurs. C'est un principe incontestable; la discussion ne pourrait porter tout au plus que sur la façon dont se produisait la défense, ainsi qu'il a été expliqué précédemment. Mais nous sommes certain que les Romains ne firent que réformer et amender l'institution des conseils. C'est du reste leur habitude de procéder.

(1) CICÉRON, *Pro Sylla* § 33. *Pro Murena*, § 4.
(2) *Pro Roscio* § 20.
(3) GLASSON. Dict. de la Grande Encyclopédie, *Avocat*.

Le rôle des défenseurs se dédoublait à Rome. Il faut avoir soin de distinguer ceux qui venaient plaider pour l'accusé, et ceux qui l'assistaient de leurs conseils. Ceux-ci étaient des *oratores* ceux-là des *advocati* (1). Ces derniers ne se confondaient nullement avec les *laudatores*, quoiqu'ils prenaient quelquefois leur nom. Les laudatores étaient des amis qui faisaient l'éloge des accusés et attestaient leur bonne conduite. Ils semblent donc se rapprocher des témoins à décharge, mais hâtons-nous de dire qu'ils n'avaient rien de positif à dire sur l'accusation. Ils n'étaient pas cités comme les témoins à décharge et venaient de leur plein gré.

La distinction de défenseurs en *oratores* et *advocati* disparut vers la fin de la République. C'est à cette époque qu'ils acquirent une haute importance. La liberté de la parole existait comme en Grèce dans toute sa plénitude. Les avocats pouvaient dire tout ce qui leur semblait utile à la défense de leurs clients. En plaidant ils étaient coiffés *du bonnet de la liberté* comme pour mieux attester leurs prérogatives. Leur rôle était politique, en ce sens, que la parole était, comme aujourd'hui, un excellent moyen pour briguer les fonctions publiques. C'est ce qui nous explique peut-être le zèle que les grands orateurs romains déployaient dans cette tâche.

La plus grande latitude était accordée aux accusés en ce qui concerne le choix de leurs défenseurs. Les incapacités que nous trouvons nous démontrent amplement

(1) GLASSON. *Loc. cit.*

qu'elles étaient édictées dans l'intérêt de la défense. Elles frappent en effet les aveugles, les sourds, les infâmes. Quant à la femme, des raisons spécialement romaines ont édicté son incapacité. La femme ne devait avoir, d'après les tendances de ce peuple, aucun rôle civil ni politique. C'est dans le but de lui enlever toute influence que furent notamment édictés le sénatus consulte velleien, qui défendait à la femme de s'obliger pour autrui, et la loi Voconia qui limitait sa capacité de recevoir en matière de testament. Ces raisons apparaissent encore clairement dans la loi 1 § 5 D. L. III. T. II, ainsi conçue : Sexum, dum feminas prohibet pro aliis postulare et ratio quidem prohibendi ne contra pudicitiam sexui congruentem, alienis causis se immisceant ne virilibus officiis fungantur mulieres.

A défaut d'ordre d'avocats à Rome, le Sénat exerçait sur eux une certaine surveillance et un pouvoir disciplinaire. Il importe, en effet essentiellement à la défense que les ministres qui en sont les dépositaires soient l'objet d'un certain contrôle. Aussi le Sénat romain était-il investi des pouvoirs que le Conseil de l'Ordre a de nos jours et devait-il en outre s'assurer de l'observation par les avocats de certaines prescriptions. L'interdiction *du pacte de quota litis*, par lequel les avocats s'intéressaient à l'issue du procès, en stipulant des honoraires excessifs en cas de succès, était de ce nombre. Signalons en passant le caractère gratuit de la profession d'avocat à Rome jusqu'à l'empereur Claude. Un désintéressement absolu devrait être la condition de cette profession *essentiellement honorable*. Le second chef, en effet, de la loi Cincia, portée en l'an 550 de Rome, défend aux avocats de recevoir aucune rémunération à ce titre. Cette mesure fut aggravée par un sénatus-consulte rendu sous Auguste. On comprend facilement que cette règle devait être peu observée. Des services rendus sont toujours appréciables en argent, quel que soit leur caractère professionnel, et la rémunération n'enlève rien à l'honneur attaché aux professions libérales.

Aussi la décision du Sénat qui, sous l'empereur Claude reconnut implicitement la légalité des honoraires en fixant leur taux, obéit-elle à des exigences qui avaient provoqué de nombreux abus.

Les longues hésitations des Romains à admettre la légalité des honoraires ne furent pas sans conséquences. La promesse d'honoraires constitua fort longtemps une obligation naturelle, et les avocats étaient complètement dépourvus d'action. Ce ne fut que sous l'Empire au III<sup>e</sup> siècle avant Jésus-Christ qu'on leur accorda une *cognitio extraordinaria*. C'était justice. Dans l'intérêt même des accusés, le défenseur doit avoir un moyen efficace pour demander le prix de ses efforts. Cet espoir lui rendra quelquefois le zèle qui, malheureusement, à défaut d'intérêt, fait assez souvent défaut.

La défense consistait le plus souvent à Rome dans le plaidoirie. La recherche des questions de fait et leur appréciation en droit se faisait avec la précision et l'esprit d'ordre qui caractérisait les Romains. Ils ne ménageaient aucun moyen pour sauver l'ami qu'ils défendaient. Étant donné le pouvoir des juges à Rome d'absoudre malgré la constance des faits, ils recherchaient la faveur des juges par tous les moyens. Des considérations politiques ou philosophiques avaient une large part dans leurs plaidoiries. C'est ainsi que Cicéron, attribuant le meurtre de Claudius à une force fatale et irrésistible qui aurait entraîné Milon, nous trace un sublime exposé de l'existence de l'âme (1).

(1) *Pro Milone* § VI.

L'ironie était fort goûtée également des plaideurs romains.

La durée des plaidoiries était incertaine jusqu'a la loi Pompeia proposée par Pompée en 701. Nous savons que les jugements devaient être rendus avant le coucher du soleil, mais rien ne nous édifie sur leur durée. La Clepsydre, qui fut une création du droit hellénique, fut selon toute probabilité en usage chez les Romains. La loi Pompeia accordait 3 heures à la défense et 2 heures à l'accusation. Les plaidoiries terminées, une véritable discussion s'engageait entre les plaideurs, dont chacun s'efforçait de circonvenir son adversaire par des sophismes. Il fallait répondre sans hésitation, et une cause était souvent gagnée ou perdue par un mot habile.

Les preuves suivaient les plaidoiries. Ceci résulte formellement de plusieurs passages des plaidoyers de Cicéron, notamment du § 34 de son plaidoyer pour Milon. Cicéron, prévoyant les tortures qui seraient infligées aux esclaves de Milon, s'y opposa en déclarant les faits avérés par l'accusé. Il supposait donc que ce mode de preuve devait suivre sa plaidoirie. On conçoit facilement cette façon de procéder. On craignait que les preuves ne fussent altérées par l'habileté des plaideurs et on faisait parvenir ces éléments de conviction aux juges, vierges de toute influence. Certains inconvénients étaient peut-être ainsi prévenus, mais d'autres naissaient fatalement. Le défenseur posait des questions aux témoins que l'accusateur seul avait le droit de citer, mais il ne pouvait pas discuter les témoignages, ce qui rendait la défense incomplète.

Aussi ne tarda-t-on pas à revenir au système des preuves précédant les plaidoiries, ainsi que nous l'affirme Quintitien.

Nous rappellerons en terminant une foule d'autres règles tendant à assurer une bonne défense aux accusés. Nous citerons notamment le droit de récusation qui permettait à l'accusé de concourir dans une certaine mesure au choix des juges, le droit de réclamer en vertu de la loi Cornelia un vote de vive voix, qui, étalé ainsi au grand jour, assurait la sincérité et l'impartialité des juges, les conditions d'aptitude imposées à ceux-ci, l'*ampliatio* ou nouvel examen de l'affaire, dans le cas où l'accusation n'avait pas édifié le tribunal. Nous pourrions enfin y joindre la publicité absolue et complète, le droit à la liberté provisoire, la nomination d'un défenseur, et son institution d'office.

Je dirai un mot sur ce dernier point. La nomination d'un défenseur d'office n'a pas existé de tous temps à Rome. Elle date de cette époque où le droit prétorien s'efforce d'adoucir les anciennes rigueurs. Cicéron nous dit en effet que des citoyens innocents étaient souvent poursuivis par de puissants ennemis et le besoin de protéger l'innocence malheureuse s'accusait avec évidence et devenait de plus en plus pressant (1). La réforme fut prétorienne, le préteur donnait un défenseur à tous ceux qui ne pouvaient pas en trouver *vel ambitione adver-*

_______________

(1) Pro Roscio.

*sarii vel metu*, nous dit la loi 1 § 4 D. L. 3. T. 2. Le principe était large et absolu. Il ne subissait pas de restrictions. Il embrassait toutes les classes de la société romaine, même celle qui était considérée comme la plus vile, les esclaves. L'esclave devait être défendu par son maître, et si celui-ci l'abandonnait, il pouvait se faire défendre par un autre esclave de son choix.

La défense périt avec la liberté romaine. Elle déclina sensiblement sous l'Empire. Il était impossible qu'elle conservât ses allures libérales dans un gouvernement qui absorbait en lui tous les pouvoirs (1).

(1) GLASSON. *Ibid.*

# CHAPITRE TROISIÈME



> Le conseil ne sert qu'à
> retarder le jugement du
> procès, par des appel-
> lations, des enquêtes ci-
> viles et d'autres expé-
> dients de chicane. (Talon
> Procès-verbaux de l'or-
> donn. cr. de 1670.)

Les diverses prérogatives de la défense ne s'affaiblirent pas sensiblement après l'invasion. Elles subsistèrent long-temps après sous l'influence du Droit Romain qui demeura toujours florissant en face de la législation nouvelle. Les lois barbares ne nous offrent au début que quelques éléments flottants et incertains pouvant se ramener à la défense des accusés. Elles s'implantèrent en effet timidement sur le pays conquis et ne gagnèrent que progressivement du terrain. Au v<sup>e</sup> siècle, nous ne trouvons dans le droit germanique que quelques règles disparates qui, tantôt méconnaissent et violent ce principe du droit naturel, (comme l'épreuve du fer et de l'eau bouillante) tantôt le respectent et le garantissent (comme les règles sur la compétence *ratione materiæ* d'après lesquelles les causes d'une certaine importance étaient déférées à une assemblée d'hommes libres, tandis que de simples juges connaissaient des affaires moins graves ; ces dernières étaient donc entourées de précautions moindres.)

Toujours sous les Mérovingiens, un ou deux siècles après leur établissement en Gaule, nous assistons encore à cette dualité des principes opposés. La question, le duel judiciaire s'y introduisent peu à peu. Le hasard est dès lors substitué à la vérité, et la force au droit. Quelles garanties pouvait offrir la défense dont le succès dépendait d'un événement fortuit, de ce fait par exemple, que la main de l'accusé, après son immersion dans l'eau bouillante, ne portait la trace d'aucune révélation, ou de ce que l'inculpé ou son représentant étaient vaincus par l'accusateur ou par son témoin, dans la lutte qui s'engageait entre les deux parties. S'il fallait ajouter à ces coutumes barbares, l'obligation où était l'accusé de prêter serment, l'énorme foi attachée aux conjurateurs, alors qu'ils ne garantissaient que la crédibilité des parties, on se trouverait en face d'une défense illusoire, d'une justice énervée, qui commettait plus souvent des erreurs qu'elle ne parvenait à découvrir la vérité. La naissance de la féodalité au xii⁰ siècle et le développement contemporain des juridictions ecclésiastiques semblent réagir un instant contre cet état lamentable de la justice.

La féodalité tout d'abord introduisit quelques règles favorables aux accusés. Il était de principe dans la jurisprudence féodale que nul n'était tenu de prêter serment contre soi-même. Les inculpés en étaient par conséquent exemptés. Beaumanoir nous rapporte également que celui qui était en prison n'était tenu de répondre à aucun interrogatoire. Règle infiniment supérieure à celle de notre Code d'instruction, qui rend la situation du prévenu si équivoque. La féodalité établit également la responsabilité des juges, se résolvant en dommages et intérêts, en cas de mauvais jugement, ou de lenteurs dans la procédure. C'est à peine si une loi récente de 1895 accorde une indemnité à l'individu injustement condamné.

Les juridictions ecclésiastiques offraient un aspect moins barbare, par le rejet de toutes ces peines qui étaient l'horreur du moyen âge, et par l'abolition des épreuves par le pape Etienne V. L'Église, qui n'admettait pas comme peine la marque, ne pouvait pas admettre non plus l'épreuve du fer chaud. Et malgré le témoignage de Pasquier, l'admission du duel judiciaire par l'Église, demeure incertaine. Les juridictions ecclésiastiques excellaient aussi par des magistrats plus éclairés que ceux des tribunaux séculiers, étant donné que les prêtres étaient à cette époque les plus instruits. Malgré cela, la garantie de ces cours était minime. Les peines adoptées par elles, étant surtout spirituelles, ne convenaient nullement à l'esprit du moyen âge empreint d'une sévérité et d'une rigueur excessives. On fut ainsi conduit à remplacer la règle protectrice des accusés *non bis in idem* par la règle contraire *una non tollit alliam*. La condamnation prononcée par un tribunal temporel n'excluait pas pour le même crime une seconde condamnation prononcée par un tribunal séculier. Ce cumul des peines qui pourrait être justifié dans une certaine mesure par la différence des deux juridictions, celle-ci réprimant le scandale, celle-là défendant l'ordre public, était néanmoins arbitraire et injuste.

L'église admet du reste, au début, la publicité, le droit de récusation, le débat oral et contradictoire (1). Pratiquant enfin aux premiers siècles de son ère la procédure par accusation, elle établit des peines contre les calomniateurs. Mais elle fait preuve déjà de ses tendances restrictives par une règle bizarre relativement à la défense. Je fais allusion à ce canon (2), qui enjoint aux clercs d'avoir des avocats en matière civile, et leur défend d'en avoir en matière criminelle. Les motifs qui inspirent une règle en matière civile et qui sont dans l'espèce le désir d'éloigner les prêtres des affaires doivent céder au criminel devant le principe majeur d'ordre public. Mais il faut que l'ordre public soit véritablement compromis, pour qu'on puisse lui sacrifier des intérêts quelconques. Or dans l'espèce il n'en était rien ! L'intérêt social n'est nullement en danger, si la défense a un développement libre.

Au xiie siècle, la justice offre un spetaclè de plus en plus triste. La libre accusation de Grèce et de Rome, peu conforme aux tendances de l'Eglise et aux lois de dépendance du système féodal, est remplacée par la dénonciation ;

(1) F. Helie.
(2) Il fut édicté par le pape Eugène II.

et tous les beaux privilèges que ces pays léguèrent à la postérité disparaissent en même temps. La dénonciation était, si l'on veut, la première expression de la plainte et de la poursuite d'office actuelles, mais réunissant tous les inconvénients, sans avoir aucun des avantages de ces institutions, et pratiquée à cette époque d'anarchie et de désordre, elle provoque d'énormes abus. L'église en effet cesse d'être la juridiction équitable et humaine du début. Masquant désormais ses vilenies sous une fausse apparence d'intérêt religieux, elle s'efforce plutôt de punir que de juger.

Deux moyens néfastes la servirent admirablement : l'enquête ou instruction secrète, et la torture qui, tombée depuis longtemps en désuétude, apparaît de nouveau au xiiie siècle dans la pratique judiciaire. La procédure par enquête, était destinée, pourrait-on dire, à voiler les horreurs et les scandales d'une justice, qui, pour consolider la religion et étouffer les schismes et les hérésies apparus à cette époque, s'était crue obligée de s'écarter de la voie de l'équité, dont elle n'aurait jamais dû sortir. La procédure était secrète jusqu'au jugement. Les témoins étaient entendus à huis clos, et toute la défense des accusés consistait à produire des mémoires sur la communication qui leur était faite des dispositions des témoins. La défense était donc elle-même écrite.

Les ordonnances de 1539 et de 1670 confirmèrent définitivement cet état de choses.

L'enquête gagna du terrain, c'est la période la plus importante du procès criminel. Le secret et l'écriture en furent toujours les principes dominants. Pas de publicité, pas de débat oral. Toute la défense du prévenu consistait dans l'interrogatoire qu'on lui faisait subir. Cet interrogatoire ne devait pas être pour lui la source d'un grand profit, étant donné que la justice s'en faisait une arme pour obtenir des aveux ! M. Esmein (1) qualifie la façon d'interroger à cette époque « de grand art, d'art terrible et perfide, qui mettait l'accusé à la discrétion du juge. »

Les moyens pour l'accusé de se disculper étaient illusoires. Il ne pouvait citer des témoins, produire d'autres preuves pour établir sa non-culpabilité, fait négatif. Il devait se borner à combattre l'accusation, par des preuves positives, connues sous le nom de faits justificatifs. Il avait également la faculté de rendre suspecte la déposition des témoins, en leur adressant certains reproches.

Les faits justificatifs tendaient à prouver, soit l'impossibilité du crime, par la production par exemple du jugement condamnant le véritable auteur, soit son excusabilité, par l'allégation d'une circonstance qui le légitimait, telle que l'aliénation ou la légitime défense.

Les faits justificatifs qui devaient être proposés pendant le premier interrogatoire, n'étaient pas nécessairement produits. Imbert nous dit catégoriquement dans sa pratique judiciaire (2), « que le juge requerra que l'accusé ait

(1) ESMEIN Pro.céd. cr.P. 142.
(2) L. 3. Ch. 215.

« à nommer promptement les tesmoins par lesquels il en-
« tend prouver les dits faits, *sinon* prendra conclusion de
« torture. » Cette faculté enlevait son utilité à cette garantie et la rendait arbitraire. C'était une théorie des
plus étonnantes et des plus tristement ingénieuses, que
celle des faits justificatifs, nous dit M. Esmein.

Aucune *plaidoirie* ne précédait enfin le jugement qui
n'était appuyé sur aucun motif (1) Le xviie siècle fut encore une période néfaste pour les droits de la défense.

Le bon Lamoignon ne réussit pas à faire prévaloir ses
principes généreux et l'ordonnance de 1670, refusa, comme
celle de Villers-Cotterets, l'assistance des conseils. Le ministère des avocats fut interdit à tous de quelque qualité
qu'ils fusent disait l'ordonnance. La raison en était d'après
Pussort « que le conseil se faisait honneur et se croyait
« permis en toute sûreté de conscience de procurer par
« toutes voies l'impunité de l'accusé ».

Les pupilles et les mineurs ne pourraient même pas se
servir du ministère de leur tuteur ou curateur, car ils
étaient tenus de répondre par leur bouche (Art. 8) (2).

L'ordonnance ne se départait pas de sa rigueur même
dans le cas de crime emportant peine capitale (art. 9), ou
bien dans les cas de péculat et de banqueroute fraudu-
leuse, et autres crimes de ce genre. Bornier, dans son Comment. de l'ord. de 1670 donne pour raison que dans ces

(1) Boutaric. Actes du Parl. de Paris P. 227 Col. 2.
Depuis 1536 on ne trouve plus de registres de plaidoiries.
(2) Voir Ordonnances, Comment. Bornier.

sortes de crimes la défense des accusés peut dépendre des
comptes, registres et autres pièces, pour l'examen desquels
ils peuvent avoir besoin de conférer avec leurs conseils.

La communication ne pouvait avoir lieu qu'après l'interrogatoire. Les inspirateurs de l'Ordonnance ne voulaient
à aucun prix compromettre un acte auquel ils attachaient
une très grande importance. Ils pensaient qu'un avocat
s'efforcerait d'étouffer des aveux qu'un prévenu abandonné
à lui-même ne tarderait pas à faire. Cette idée ressort
avec plus d'évidence du minime délai qui séparait l'arrestation de l'interrogatoire. On interrogeait l'accusé le plus tôt
possible, afin qu'il n'eût pas le temps de méditer des répon-
ses et de préparer un système. Pris presque à l'improviste
et dans l'embarras de ses premières impressions, il devait
avoir plus de peine à dissimuler la vérité. Le mobile était,
on peut dire, légitime. La justice a le droit d'adopter, pour
la recherche de la vérité, tels moyens qu'elle juge à propos, pourvu qu'ils ne soient pas arbitraires et qu'ils ne
violent pas les lois de l'humanité. Mais s'il en est ainsi
dans l'espèce, il en était différemment de la défense faite
aux accusés de se servir de conseils. Et nous ne considérons que comme très arbitraire et ne se plaçant qu'au
point de vue des intérêts de l'accusateur, la raison que donne
Bornier « que la vérité se découvre mieux et plus pure dans
la bouche des accusés ». Aussi est-elle partiale et ne fait-
elle que réfléter l'esprit d'un siècle plein de préjugés barbares qui, si peu éloigné fût-il du nôtre, n'a rien des institutions libérales de la Grèce et de Rome. L'époque que nous

esquissons nous prouve amplement que la civilisation et le progrès ne sont pas toujours en raison directe de la marche des siècles. Le dix-septième siècle ne respecte donc aucun des droits sacrés de l'accusé.

L'instruction secrète, la suppression du débat oral, le manque de publicité, la torture infligée aux accusés, leur inégalité avec la partie plaignante, tout y figurait à dessein. La partie plaignante avait le droit en effet d'avoir un conseil, l'ordonnance de 1670 restant muette sur ce point. On dirait que cette ordonnance revint comme à plaisir sur tous les mauvais usages des siècles écoulés. Elle fit revivre, pour n'en citer qu'un dernier exemple, la coutume de faire prêter serment à l'accusé, coutume qui remonte aux Mérovingiens (1). Il en résultait pour l'accusé disait Lamoignon « un conflit entre les deux plus saintes obliga-« tions qui soient au monde, le devoir naturel qui oblige « l'homme à conserver sa vie et la religion du serment qui « l'oblige à dire la vérité ». Et comme la première est plus enracinée chez l'homme, chez celui surtout qui n'est pas arrivé à un certain degré de développement moral et d'élévation de sentiments, c'était s'engager dans une bien triste voie. Ces qualités en effet qui font affronter avec courage les dangers de toutes sortes font très souvent défaut dans l'âme obscure des criminels. C'était donc leur faire dire des mensonges inutiles, déshonorer la justice sans obtenir au-

(1) Procès-verbal des conférences sur l'Ordonn. Crim. de 1670, P. 154.

cun résultat. Nous sommes donc très loin de penser que cette obligation de prêter serment prévenait les mensonges et les impostures. Elle les faisait au contraire éclater avec d'autant plus de cynisme et d'audace qu'ils étaient précédés du sceau de la Divinité.

Tels sont les grands traits de cette Ordonnance qui ne pose aucun principe protecteur de la défense et ce ne serait pas une exagération de penser, comme Faustin Hélie, que la défense faisait complètement défaut.

La Révolution cependant s'annonçait. Elle ne tarda pas à faire crouler ce néfaste édifice. Ce fut d'abord une époque de réaction violente où le libéralisme le plus exubérant succéda aux restrictions des droits et des libertés.

Des lois restées célèbres dans l'histoire du droit viennent rendre hommage aux droits de la défense.

L'Assemblée constituante, dans ses aspirations égalitaires, établit l'égalité entre la défense et l'accusation. Ce principe fut successivement proclamé par les lois du 8 octobre 1889, du 29 septembre 1790 et par les codes des délits et des peines du 3 brumaire an IV.

Toutes ces lois multiplient successivement les garanties de la défense et les formalités protectrices des accusés (1). Dès lors les plaidoyers retentissent de nouveau dans les « tribunaux criminels, dont ils n'avaient pas troublé les « échos depuis bien des années. On accorde en outre un « conseil, que la loi civile n'a pas le droit de refuser par-

(1) ESMEIN.

« cé que c'est la loi naturelle qui l'accorde. On rétablit la
« *publicité* tutélaire qui ne peut être un malheur que pour
« l'ignorance et la mauvaise foi, on bannit enfin la féro-
« cité de la torture, reste impie des siècles barbares (1). »

On peut dire que tous les vœux contenus dans les ca-
hiers des trois Ordres, vœux relatifs à l'assistance gra-
tuite, à la communication du conseil avec le prévenu et à
la communication des pièces, reçurent pleine consécration.

Les art. 12 et 13 en effet du décret de 1789 posent formellement le principe de l'assistance obligatoire. Ils disposent en outre que l'interrogatoire doit suivre cette nomination.

« N'est-ce pas là, dit M. Esmein, une loi respectueuse
jusqu'à l'exagération des droits de la défense ? » L'observation est fondée. Mais nous préférons taire ici toute objection, pour applaudir à l'œuvre du législateur de 1789 qui
a posé après tant de siècles le noble principe de l'assistance d'office.

La loi de 1791 et le code de brumaire an IV s'engagent
également dans la même voie. Ils font preuve aussi d'un
soin scrupuleux pour les droits de la défense.

Plus d'obligation de prêter serment, plus d'impossibilité
de citer des témoins à décharge. L'art. 319 du code de
brumaire rend obligatoire la communication des pièces à
l'accusé. Sauf la loi du 22 prairial an II qui fait une dis-

_______________

(1) *Moniteur* du 29 déc. 1790.

tinction arbitraire entre les criminels ordinaires et les conspirateurs, toutes les dispositions relatives à la défense sont nobles et libérales. Le législateur de la période intermédiaire est peut-être celui qui inspirera le législateur de l'avenir.

# DEUXIÈME PARTIE

## DE LA DÉFENSE AVANT L'AUDIENCE

---

## CHAPITRE PREMIER

### DE LA DÉFENSE AU DÉBUT DE L'ACTION PUBLIQUE, ARRESTATION, DÉTENTION PRÉVENTIVE ET LIBERTÉ PROVISOIRE

> Les rigueurs de la justice ne
> doivent pas s'étendre à l'in-
> culpation dominée par le prin-
> cipe de la présomption d'in-
> nocence.

Ces trois derniers termes portent en eux-mêmes leur
définition. L'arrestation est le premier acte de la procédure criminelle, qui établisse un rapport immédiat entre
le prévenu et la justice. C'est l'arrestation qui donne une
certaine consistance au procès, qui le rend pour ainsi
dire plus concret. Tant que l'individu en effet sur qui pèse
une prévention n'est pas sous la main de la justice, le
cours de celle-ci est entravé. L'arrestation porte la première atteinte au droit de la liberté individuelle ; c'est
par elle que la société commence à faire valoir ses droits

de poursuite et de répression, et c'est avec elle également que devrait entrer en scène le libre exercice de la défense, car, pour être légitime, l'intérêt social ne doit jamais méconnaître le droit individuel.

L'arrestation proprement dite (1), impliquant une appréhension matérielle, et aussi une certaine détention, ne peut résulter que d'un mandat d'amener et encore faut-il que l'individu qui en est l'objet refuse de s'y soumettre.

Elle ne peut pas résulter du mandat de comparaître, simple invitation ne devenant obligatoire que si l'inculpé ne comparaît pas.

L'arrestation ne peut pas dériver enfin des mandats de dépôt et d'arrêt; ces mandats doivent être précédés de l'interrogatoire (3), et l'interrogatoire supposant la comparution du prévenu, il ne peut plus être question d'arrêter celui-ci préalablement.

Le juge d'instruction, obligé sous le Code de décerner un mandat d'amener contre toute personne inculpée d'un délit emportant peine afflictive et infamante, peut, depuis la loi du 14 juillet 1865, opter librement et dans tous les

(1) Dans un sens large, on peut entendre par arrestation, l'obligation d'aller s'expliquer devant le juge, soit par mandat de comparaître, soit par mandat d'amener.

(2) Le mandat d'amener est une injonction formelle de se présenter devant le juge à laquelle l'autorité publique doit assurer obéissance. — On a dit spirituellement que derrière ce mandat il y a toujours un gendarme.

(3) Art. 94. J.C. La loi du 14 juillet 1865 a assimilé toutefois à l'interrogatoire la fuite du prévenu.

cas entre le mandat de comparaître et celui d'amener (1). On a critiqué encore ce système, on a pensé que la loi de 1865 n'a pas été assez loin dans la réforme, et on lui a fait le reproche de ne pas avoir rendu obligatoire, dans tous les cas au début, le mandat de comparaître. Pourquoi ne pas commencer par appeler les citoyens devant la Justice? Pourquoi les arrêter à l'improviste, alors qu'ils peuvent n'avoir nullement l'intention de s'y soustraire? Le magistrat usera sans doute très légitimement de son pouvoir souverain, mais il est préférable et plus conforme à l'esprit d'une bonne législation, qu'il ne soit pas uniquement maître d'une situation dont on ne saurait trop faire ressortir la gravité. Si la loi a en effet le droit de se montrer sévère pour celui qui lui désobéit, ne doit-il pas en être différemment pour celui qui n'a cherché nullement à l'enfreindre?

Le mandat de comparaître semble donc devoir s'imposer au juge, surtout lorsque le fait qui donne lieu à la poursuite n'est passible que d'une peine pécuniaire, ou lorsque l'emprisonnement n'excédant pas deux ans, la liberté provisoire est de droit d'après l'article 113 (2). Le mandat d'amener, impliquant possibilité de détention, porterait dans ces deux cas atteinte à ce texte, et le Code a eu tort de ne pas l'avoir rendu ici obligatoire.

On peut reprocher en second lieu au législateur de n'avoir pas assimilé tous les mandats, quant aux garanties

(1) Art. 91.
(2) *France Judiciaire*, t. 2, n. 1.

dont il les entoure. L'article 96 ne prescrit l'énonciation du fait délictuel que lorsqu'il s'agit du mandat d'arrêt. Il est pourtant de la justice la plus élémentaire que le prévenu sache la raison de la rigueur dont il est l'objet. La loi du 14 juillet 1865 a fait disparaître une autre différence, qui existait entre les mandats de dépôt et d'arrêt, en étendant à ce dernier la faculté de mainlevée, que la loi du 4 avril 1855 n'avait rendu possible que pour le premier. Actuellement donc la détention préventive n'est jamais définitive tant que la Chambre des mises en accusation ne s'est pas prononcée.

Quelle est la situation maintenant qui est faite au prévenu en face de ce pouvoir souverain du juge d'instruction ? Quelles sont les voies de recours qui lui sont ouvertes en cas d'arrestation illégale ?

Ces voies de recours résultent des principes généraux du droit, de l'article 505 Code Pr. sur la prise à partie, puis enfin de l'article 114 du Code pénal.

Nous pensons d'abord que celui qui croit avoir été l'objet d'une arrestation illégale peut agir en nullité. Il est d'abord incontestable qu'il a ce droit si le juge d'instruction a décerné d'emblée contre lui un mandat d'arrêt. Le juge a violé manifestement l'article 94 Code Instr. cr. et le prévenu peut, sans aucun doute, agir en nullité. Il en est de même aussi s'il y a eu arrestation sans indices graves préalables. L'article 40 qui vise le cas de flagran délit, doit être appliqué *a fortiori* en notre matière. « Si la loi exige des indices graves, dit Faustin Hélie (1) à un moment où la crainte de laisser échapper le coupable et de perdre les preuves que son arrestation immédiate peut procurer, autoriserait quelque précipitation dans la décision du magistrat, à plus forte raison il y a lieu d'exiger des indices dans les cas qui ne supposent aucune urgence. »

Mais devant quelle juridiction le prévenu se pourvoira-t-il ? La Chambre des mises en accusation qui connaît généralement en appel des ordonnances du juge d'instruction sera seule compétente. Cependant si cette Cour a été dessaisie par un arrêt, et que la Cour d'assises se trouve saisie de l'affaire, cette dernière pourra statuer sur l'incident, car il s'agit d'une exception préjudicielle soulevée contre la mise en jugement.

Le prévenu pourra en second lieu se prévaloir du 1er al. de l'article 505 Code Pr. qui porte que s'il y a dol, fraude ou concussion, le juge peut être pris à partie. Il faut toutefois remarquer que cette voie de recours est hérissée d'obstacles, car le juge, coupable d'un tel fait, ne peut être déféré que devant la magistrature de son ressort et après autorisation préalable de cette magistrature.

Une dernière garantie contre l'arrestation illégale se trouve enfin dans l'article 114 du Code pén. (2) qui punit de

(1) IV, 1953.

(2) Selon certains auteurs (CARNOT), le fonctionnaire coupable d'une arrestation illégale serait aussi passible des travaux forcés, conformément à l'art. 341 du même Code, car cet article, dans sa généralité, n'exclut pas les fonctionnaires. Nous ne partageons nullement cette façon de voir. Dans l'esprit du législateur de

la dégradation civique le fonctionnaire public qui aura or-
donné ou fait quelque acte arbitraire ou attentatoire, soit à
la liberté individuelle, soit aux droits civiques des citoyens.

Telles sont dans leurs grandes lignes les mesures que
la loi édicte dans l'intérêt du prévenu. Elles sont inefficia-
ces en ce sens, qu'elle ne portent aucun remède direct à
la situation. L'arrestation illégale est toujours maintenue
et le prévenu n'obtient *ex post facto* qu'une réparation
purement morale. La prise à partie, l'action en nullité ne
peuvent donner qu'un résultat tardif. La poursuite criminelle contre un fonctionnaire, suivant l'article 114, présen-
terait des lenteurs de procédure et des difficultés telles, que
ceux qui auraient la pensée de s'en prévaloir y renonce-
raient volontiers. Il serait donc à souhaiter que le législateur réglementât l'arrestation dans son essence même. Qu'il
s'inspire dans cette tâche de l'idée que la justice se trouve
en face d'un individu présumé innocent, et que sa défense
demande autant de sollicitude qu'en réclame l'intérêt de
la société! Qu'il accorde enfin le moins de pouvoir discrétionnaire possible au magistrat instructeur, que l'honneur
et la liberté des citoyens dépendent de la loi et non de la
conscience d'un juge !

1810, les fonctionnaires ne peuvent pas être compris dans
l'art. 341, ayant déjà fait l'objet d'une disposition précédente. Cet
article ne s'occupe que de simples particuliers. Quant à l'objection d'après laquelle la loi aurait mal réparti sa sévérité, car elle
est plus indulgente pour les fonctionnaires que pour les simples
particuliers, on pourrait répondre que l'acte illégal de la part d'un
fonctionnaire peut être attribué à un excès de zèle,

Mais voici que le prévenu a comparu devant le juge et qu'il a subi son interrogatoire. Le magistrat instructeur pense qu'il existe des charges suffisantes contre le prévenu et il s'empresse de convertir le premier mandat en mandat de dépôt ou d'arrêt (art. 94). La détention préventive commence. Le prévenu subit avant son jugement une déchéance qui est semblable, en plus d'un point, à la peine qu'un jugement de condamnation peut seul lui infliger.

Une législation doit-elle détenir un prévenu pendant l'information qui est la période du rassemblement des preuves, ou bien doit-elle le laisser en liberté jusqu'au jugement ? Que faut-il penser, en d'autres termes, en présence du dilemme de la détention et de la liberté provisoire ? C'est ici la partie de toute l'information préalable, où le droit individuel et le droit social se trouvent aux prises de la façon la plus caractéristique. Il ne se rencontre peut-être pas d'après la doctrine, de situation plus délicate et plus digne de l'attention du législateur. La solution de ce problème dépend uniquement de l'heureuse conciliation de ces deux droits en conflit.

La société s'arroge pour des raisons majeures le droit de détenir les prévenus jusqu'au jugement ; ces derniers au contraire prétendent jusqu'à ce jour à leur liberté.

Cette prétention constitue un principe de raison (2) dont le Code s'est inspiré maintes fois. Il est hors de doute en

---

(1) Elle diffère notamment au point de vue du travail. Les détenus avant jugement n'y sont pas astreints.
(2) Je fais allusion à la présomption d'innocence.

effet qu'il n'y a avant le jugement qu'un prévenu et des présomptions, et qu'il n'y a ni preuves ni coupable.

Nous n'insisterons pas davantage sur ce droit de la défense incontesté et incontestable. Nous nous bornerons à en tirer hardiment toutes les conséquences qu'il comporte. La liberté provisoire heurte, dit-on, l'intérêt de la société. Ce serait un péril social que de laisser les prévenus en liberté. La société, en adoptant la détention préventive obéirait à une nécessité. Elle sacrifierait un droit individuel à l'intérêt général. Nous reconnaissons *a fortiori* à la société le droit de la légitime défense reconnu aux individus, mais nous ne pensons pas que la détention préventive soit aussi nécessaire qu'on le prétende.

Ne nous entraînons pas par les formules banales et surannées d'intérêt ou de péril social. Comme l'a dit très spirituellement un avocat, « le péril social est un mot sonore dont on se sert souvent comme d'un roulement de tambour pour étouffer les cris des victimes innocentes ». Mais quelles sont les raisons que la société invoque en faveur du système de la détention préventive ?

Faustin Hélie qui a formulé mieux que tout autre les arguments justificatifs de la détention préventive, qualifie celle-ci de déchéance servant de mesure de police, de garantie de l'exécution de la peine et enfin de mesure d'instruction. La prévention constitue d'abord une mesure de sûreté pour la société et pour le prévenu.

*Pour la société.* Car elle évite la récidive. Quand l'agent, ajoute le même auteur, a jeté le désordre dans la cité par la perpétration d'un crime, n'y a-t-il pas lieu de craindre, au moins dans certains cas, que les mêmes passions, les mêmes entraînements, les mêmes conditions d'existence qui ont été la cause du premier attentat ne le conduisent à en commettre un autre ? » Il est très vrai que celui qui a commis un délit est toujours porté à la récidive et nous voulons croire que celui qui a débuté par exemple dans le vol ne serait pas mécontent de recommencer. Mais l'argument ne serait bon qu'en apparence ; il ne résisterait pas à un examen approfondi. Il serait vrai toutefois quand la peine que devrait encourir l'inculpé serait perpétuelle. Dans ce cas seulement il est vrai de dire que l'on pare aux dangers de la récidive. Car s'il s'agit d'une peine temporaire, la liberté sera toujours recouvrée un jour. Et si la loi admet ce résultat pour celui qui a purgé sa peine, elle pourra bien en décider également pour celui qui n'a pas encore été condamné. La surveillance de la haute police, combinée avec la liberté provisoire, pourrait donner selon nous de bons résultats. La société prend ainsi ses mesures, fait valoir son droit sans faire fléchir celui de la défense.

La détention préventive est, dit-on ensuite, une première satisfaction donnée à la conscience générale. Il n'est jamais certain, tant que la justice ne s'est pas prononcée, que la société ait subi un préjudice et qu'elle doive en demander satisfaction. La société peut attendre jusqu'au jugement.

On invoque encore l'intérêt du prévenu. On dit qu'il échappe ainsi à la vengeance privée. Dans la prison, il sera en lieu sûr. Là, aucune passion ne pourra l'atteindre. La critique est exagérée. Nous vivons à une époque où les passions qui déchiraient les cités antiques et qui consistaient, selon la lugubre loi de *vindicta privata*, à se faire justice à soi-même, ne sont que très rares, et si les journaux américains nous racontent quelquefois de ces spectacles effrayants, il faut attribuer *une partie de ces récits* à l'imagination féconde des journalistes du nouveau monde.

D'ailleurs s'il ne s'agit ici que de l'intérêt de l'inculpé, nous espérons que celui-ci y renoncera facilement. Il préférera s'exposer à la probabilité d'un danger plutôt qu'à l'infamie qui se rattache toujours à la détention préventive.

Nous repoussons également la prévention comme garantie à l'inexécution de la peine. Nous reconnaissons à la justice le droit à cette garantie, mais qu'elle trouve ses garanties ailleurs que dans la violation d'un droit sacré de l'homme !

Elle peut se contenter du cautionnement, d'une caution même personnelle. Elle doit trouver suffisante, le cas du vagabond et du récidiviste mis de côté, la garantie morale résultant de cette circonstance que le prévenu est attaché à son pays. Des intérêts d'ordre moral et matériel rendent dans plusieurs cas la fuite préventive presque impossible. La justice est encore protégée par les procédures de la contumace et de l'extradition, la première permettant de frapper le délinquant au moyen de toutes les conséquences morales qu'entraîne un jugement de condamnation, et la seconde lui fermant tout asile en pays étranger. La liberté provisoire, dira-t-on enfin, est incompatible avec le grand principe de l'instruction secrète. Mais étant donné, que le principe de l'instruction secrète est peu conforme aux exigences et à l'esprit de notre temps, que la réforme réclamée par tant de jurisconsultes éminents devient pressante, il n'y a pas lieu de s'arrêter à l'argument que fournit cette mauvaise institution.

Nous croyons donc qu'en bonne législation on doit adhérer en principe à la règle de la liberté provisoire. On doit la rendre obligatoire pour le juge. Maintenant, pour ne pas paraître trop révolutionnaire, nous admettrons des restrictions qui du reste ne sauraient exister *sans une nécessité absolue* (1).

L'intérêt individuel doit être respecté toutes les fois que la société peut se passer de son sacrifice. Ce principe posé, nous pensons que le choix entre la prévention et la liberté provisoire doit être laissé au magistrat instructeur, lorsqu'il s'agit des vagabonds, des récidivistes et des individus dont le délit est flagrant et dans certains cas de crimes graves. Les vagabonds, ou gens sans aveu, sont ceux qui n'ont ni domicile certain, ni

(1) La détention préventive, d'après M. Lastres, est une grande iniquité, dépourvue de fondement rationnel, qu'excuse seule l'impuissance du pouvoir public, d'assurer l'arrestation du délinquant en temps opportun, c'est-à-dire lorsque sa culpabilité est entièrement démontrée. — *Revue pénitentiaire*, 1895, p. 568. La détention préventive devant le parlement espagnol.

moyens de subsistance et qui n'exercent habituellement ni métier ni profession. Ces gens-là n'offrent aucune garantie. Ils sont généralement dangereux, le vagabondage étant le chemin ordinaire qui conduit au crime. La société se défend avec raison en se montrant ici rigoureuse.

Notre seconde exception viserait le flagrant délit. La matérialité du fait, l'évidence de l'identité du prévenu justifient encore ici le droit du juge d'ordonner la détention préventive.

Les récidivistes enfin devraient pouvoir être détenus préventivement. Pour quels motifs en déciderait-on autrement? Serait-ce pour leur épargner l'humiliation d'une déchéance qu'ils ont encourue déjà à un autre titre. Ce qui nous effraye beaucoup en cette matière, ce qui nous rend si avare de concessions, c'est la situation douloureuse d'un citoyen honnête et considéré, qui se voit un beau jour arrêté et détenu. Ainsi un commerçant jouissant de l'estime générale est obligé tout à coup de cesser ses paiements. Des soupçons de banqueroute sont conçus contre lui. Le juge d'instruction décerne son mandat, instruit l'affaire, et rend quelques semaines, quelques mois peut-être plus tard son ordonnance de non lieu, ou bien il y a acquittement s'il y a eu renvoi devant la juridiction répressive. La situation est déplorable et nous ne serions point fâché qu'une loi vînt rendre la liberté provisoire obligatoire pour les prévenus ayant de bons antécédents.

Le législateur de 1865 n'a pas été aussi loin, mais il

faut avouer qu'il a accompli dans sa réforme une œuvre doublement libérale. Sous le code brumaire an IV, la liberté provisoire était admise moyennant caution si la peine était simplement infamante ou correctionnelle.

Sous l'empire du Code d'Instr. cr., la liberté provisoire était refusée, lorsque le fait emportait peine afflictive ou infamante. Il en était de même à l'égard des vagabonds et des repris de justice. Sauf ces exceptions, la liberté provisoire était généralement admise. La loi de 1865 a modifié complètement ces principes. Les dispositions en sont contenues dans le nouvel article 113 que nous transcrivons.

« En toute matière, le juge d'instruction pourra sur la demande de l'inculpé, et sur les conclusions du Procureur de la République, ordonner que l'inculpé soit mis provisoirement en liberté, à charge par celui-ci de prendre l'engagement de se représenter à tous les actes de la procédure et pour l'exécution du jugement aussitôt qu'il en sera requis. En matière correctionnelle, la mise en liberté sera de droit cinq jours après l'interrogatoire en faveur du prévenu domicilié quand le maximum de la peine prononcée par la loi sera inférieure à 2 ans d'emprisonnement. La disposition qui précède ne s'appliquera ni aux prévenus déjà condamnés pour crime, ni à ceux condamnés à un emprisonnement de plus d'une année. »

Tel est le nouvel article 113. L'innovation est due, avons-nous dit, à la loi du 14 juillet 1865, dont le but a été notamment de supprimer la prison préventive toutes les fois que la sécurité publique ne se trouve pas compromise.

Nous pensons que la réforme n'est pas complète. La liberté provisoire s'imposant au juge avec les trois exceptions signalées, voici ce qui se recommande au législateur de l'avenir. On pourrait dire toutefois en faveur du système de la loi de 1865 qu'une certaine latitude est toujours nécessaire au juge d'instruction. Chaque procédure criminelle se présente en effet avec une physionomie spéciale. Le nombre et la gravité des preuves, la nature du délit, la situation du prévenu, tout varie à l'infini. Malgré ces considérations, nous demeurons toujours partisan convaincu des règles précises, et nous préférons une situation invariablement certaine et absolue, qui s'imposerait au magistrat, à un vaste champ d'arbitraire. Nous faisons suffisamment droit aux prétentions sociales en rendant le juge omnipotent lorsqu'il se trouve en présence d'un crime grave, que la loi peut se charger de préciser, d'un flagrant délit ou d'une récidive. Nous en décidons de même lorsqu'il s'agit d'un vagabond, qui ne peut offrir aucune sorte de garantie. Mais dans les autres cas, nous repoussons hardiment la détention préventive. Nous sommes heureux de citer dans ce sens l'article 86 du Code néerlandais qui, après avoir rendu la liberté provisoire facultative dans certains cas, dit *in fine*, « que dans tous les autres cas le prévenu, s'il est arrêté provisoirement, sera mis en liberté (1). »

Terminons par deux observations.

(1) Tripels. Codes néerlandais.

Afin de ne pas prolonger les détentions préventives, le juge près duquel on conduit un prévenu, devrait être tenu de l'interroger sans délai sur le délit qui lui est imputé.

S'il résulte de cet examen que le délit n'a point été commis, le prévenu devrait être sur le champ mis en liberté. Dans le cas contraire, le juge aurait à se prononcer entre la liberté provisoire et la détention. Pareil système est pratiqué en Angleterre, et il offre l'avantage de régler immédiatement une situation dans laquelle tout retard est une source de graves préjudices pour le prévenu. La réforme du système français dans ce sens, ne pourrait être que favorablement accueillie.

La justice doit s'inspirer en second lieu de cette idée, que jusqu'au jugement elle se trouve en face d'une personne présumée innocente. Une différence de situation bien marquée doit exister entre les inculpés et les condamnés. L'inculpé doit être traité avec les égards dus à l'innocence présumée, et puisque l'emprisonnement n'est qu'une garantie et jamais une peine, avant le jugement, il faut, comme dit Lagraverend, « que l'autorité veille à ce que le mauvais état des prisons et l'air funeste qu'on y respire, le dénouement et les privations qu'on y éprouve ne deviennent pas un véritable et continuel supplice pour le malheureux innocent ou coupable que la vigilance ou la précipitation des magistrats a privé de liberté » (1).

(1) Dans la plupart des états étrangers, le juge est souverain appréciateur de la situation. C'est du juge que dépend la liberté provisoire du prévenu ou sa détention préventive. Dans presque

tous les états, il est des cas où la liberté provisoire s'impose. Etendre ces hypothèses, c'est ce à quoi vise le système que nous nous sommes efforcé de développer. La détention préventive n'est obligatoire au contraire qu'en Autriche en cas de crime important puni de mort ou de 10 ans de réclusion. Elle constitue toutefois, même lorsqu'elle est facultative, un fait purement exceptionnel. La liberté provisoire forme toujours le principe. Cette idée ressort surtout clairement de l'art. 112 du Code de procédure pénale allemand.

# CHAPITRE DEUXIÈME

GARANTIES DE LA DÉFENSE PENDANT LES CONSTATATIONS JUDICIAIRES.

> Les constatations judiciaires
> doivent avoir lieu tant à charge
> qu'à décharge.

Pour constater les traces matérielles de l'infraction, le corps du délit, les moyens ordinaires, dit M. Garraud, consistent dans le transport sur les lieux, les expertises, les perquisitions domiciliaires et les saisies.

Nous n'aurons rien à dire du transport sur les lieux. Les intérêts de la société et de la défense ne sont pas dans ce cas en conflit bien marqué. Quant aux expertises, nous examinerons dans le paragraphe suivant quels sont les droits de la défense et dans quelle mesure ils sont respectés. Nous rechercherons donc actuellement quelles sont les garanties que le Code prescrit en faveur des prévenus dans le cas de *perquisitions domiciliaires*.

L'inviolabilité du domicile consiste dans l'impossibilité pour l'autorité de pénétrer dans les maisons habitées sans une disposition formelle de la loi. Ce principe fut proclamé par diverses lois et constitutions, notamment par la loi du 19-22 juillet 1791 par l'art. 359 de la constitution

du 5 fructidor an III par le Code du 22 frimaire an VIII
(art. 76) enfin par l'article 3 de la Constitution de 1848. Le
Code pénal confirme dans son article 184 le principe de
l'inviolabilité du domicile en rattachant une sanction à son
inobservation. Le domicile des citoyens n'est inviolable que
la nuit, car l'article 87 du Code d'Instr., autorise le juge à
s'y transporter, s'il en est requis, et quelquefois même sans
réquisitions préalables. Le droit de perquisition du juge
d'instruction est donc incontestable. L'action de la justice
serait paralysée si l'autorité n'avait pas le droit de faire
des recherches dans le domicile des prévenus. Ce droit ne
va pas cependant sans une violation manifeste des droits
de l'homme. Aussi doit-il rester toujours exceptionnel (1).
Cette idée ne nous permet pas de partager le sentiment
de Carnot qui admet le droit pour le juge de pratiquer des
perquisitions domiciliaires pendant la nuit.

Carnot fonde son opinion sur ce que l'article 36 enjoint au
Procureur de la République de se transporter de suite dans
le domicile du prévenu. Or aucune distinction n'est à faire.
Cette disposition appliquée par analogie au juge d'instruction lui donnerait le même droit.

Nous n'attachons pas tant d'importance aux termes
(de suite) de l'article 36 (2). Ils sont insuffisants pour déroger à une tradition constante et séculaire. Faustin Hélie,
Mangin et Trébutien (3) pensent également, avec beau-

(1) 2, 1, P. 24. — F. HÉLIE (T. 4 § 1812).
(2 MANGIN. (T. 1 § 222. Compétence en matière criminelle).
(3) TRÉBUTIEN (T. 2 § 438. Intr., crim.).

coup de raison que l'article 36 de notre Code d'Instr. ne
contenant pas de dérogation formelle à la Constitution de
frimaire et à celle du 14 janvier 1852, celles-ci restent
encore en vigueur. Ces auteurs s'inspirent de cette idée
libérale, que dans le silence du Code il serait déraisonnable d'accorder un droit aussi exorbitant au juge d'instruction. Prohibition donc absolue de perquisitionner pendant la nuit. La seule exception qui puisse être admise
d'après la majorité des auteurs, c'est que la perquisition
commencée le jour, puisse se continuer la nuit. On peut
dire pour justifier cette solution que le commencement
de la perquisition n'étant pas vicié, toute la durée en est
considérée légitime.

Il n'y aurait qu'un moyen pour empêcher la disparition
des preuves, c'est d'investir la maison en attendant le jour.
L'article 104 du Code allemand ne respecte pas le domicile
la nuit en cas de flagrant délit. Il porte en effet que le
domicile n'est pas inviolable pendant la nuit en cas de flagrant délit lorsqu'il y a péril en la demeure, ou lorsqu'il
s'agit d'arrêter un prisonnier évadé.

La violation du domicile même pendant le jour est un
fait grave. Le respect de la maison des citoyens étant,
suivant Faustin Hélie, le plus précieux des droits après la
liberté individuelle. Aussi la loi exige-t-elle des conditions
pour l'exercice de cette faculté qu'elle n'autorise que
parce qu'elle est essentielle pour la manifestation et la
recherche de la vérité.

Ces conditions résultent de la combinaison des articles 36 et 89. D'après les termes mêmes de l'article 36, il faut que la preuve puisse vraisemblablement être acquise par la visite domiciliaire. Il faut donc que la prévention ait déjà pris une certaine consistance, que le prévenu soit connu et que des indices graves rendent vraisemblable la découverte des preuves, car, comme le dit fort bien M. Garraud, les visites domiciliaires ne doivent être « ni des mesures préventives destinées à comprimer des intentions qu'on suppose criminelles, ni des mesures de police administrative destinées à parvenir à la découverte de coupables que l'instruction n'a pas encore signalés. » Le législateur a voulu surtout prévenir les perquisitions irréfléchies. Le juge par conséquent qui sur de vagues soupçons visite un domicile, viole manifestement les droits de la défense.

D'après les articles 89 et 37, le Procureur de la République et le juge d'instruction peuvent saisir les effets et instruments pouvant servir de pièces à conviction (1).

L'art 39 dispose que les opérations prescrites par ces articles seront faites en présence du prévenu s'il a été arrêté.

Cette disposition est édictée dans le double intérêt de la défense et de la justice. La justice acquiert plus d'autorité, lorsqu'elle permet à la défense de se développer librement. Lorsque le prévenu est arrêté dit Carnot (2),

---

(1) Le procureur de la République n'a ce droit qu'en cas de flagrant délit. Dans ce cas, le juge d'instruction agit sans réquisition du ministère public.

(2) J. Cr., t. 2, p. 245.

toute l'instruction préliminaire doit être faite contradictoirement avec lui ; lui permettre d'assister à la saisie, c'est lui permettre de tirer un grand avantage de sa défense.

On ne pourrait accorder une entière confiance aux indications que l'on prétendrait tenir contre lui, papiers ou autres choses saisies.

Le prévenu qui ne veut ou ne peut assister personellement à la saisie peut s'y faire représenter par un mandataire. Nous croyons toutefois que la présence du prévenu à la saisie est purement facultative pour lui. Cette opinion est suivie par une doctrine très accréditée et à notre avis très conforme à la raison et aux principes du droit. Mangin estime au contraire, que, si le prévenu qui n'a pas été arrêté, est libre de ne pas assister à la perquisition et à la saisie, il en est différemment du prévenu arrêté, qui peut être contraint d'y assister (1). Cet auteur fait sans doute allusion à une contrainte matérielle. Nous ne pensons pas cependant qu'il s'agisse d'un cas assez grave pour légitimer la contrainte. La contrainte matérielle n'est légitime que si la société se trouve dans un cas de légitime défense.

Le droit de saisie, en ce qui concerne les effets et papiers utiles à la manifestation de la vérité, appartient incontestablement au juge d'instruction. Le législateur n'hésite jamais à faire fléchir les droits individuels dans

______

(1) *Loc. cit.*, p. 154.

l'intérêt de l'ordre public. C'est un principe dont il a été fait maintes application dans le Code de 1808. Dans quelles limites ce droit de saisie existe-t-il ? Il y a lieu de distinguer tout d'abord, si la perquisition et la saisie sont faites dans le domicile du prévenu, ou dans le domicile d'un tiers.

Les articles 36 et 87, visant le premier cas, disposent que la saisie peut frapper tous les objets utiles à la manifestation de la vérité. Aucune distinction par conséquent n'est à faire entre les objets appartenant au prévenu, et ceux appartenant à des tiers. Nous en tirerions cette conséquence que toutes les lettres indistinctement trouvées dans le domicile du prévenu sont saisissables.

L'article 88 donne en second lieu le droit au juge de se transporter dans les lieux où il présumerait qu'on aurait caché certains objets, etc. Cet article s'applique incontestablement à la saisie, étant donnée la corrélation étroite qui existe entre la perquisition et la saisie, la première devant aboutir le plus souvent à la seconde.

L'article 88 est le seul article à s'occuper de la visite du juge dans le domicile d'un tiers.

La série des articles 32-39, qui règlent les droits du Procureur de la République dans le cas de flagrant délit, n'en font aucune mention. Il en résulterait que ce magistrat ne serait jamais autorisé à perquisitionner dans une maison étrangère au prévenu. Le juge d'instruction aurait seul ce droit, et dans le cas seulement où il présumerait que des objets auraient été cachés.

La détermination de ce premier point nous fournira facilement la solution de la question que nous devons nous poser.

Nous venons de déclarer que toutes les lettres peuvent être saisies dans le domicile du prévenu, celles que celui-ci vient d'écrire ou de recevoir, comme celles qui sont la propriété exclusive d'un tiers.

Qu'en est-il maintenant des lettres et télégraphes déposés au bureau des postes et télégraphes ? La saisie est-elle possible pendant que ces papiers se trouvent sous la sauvegarde de l'Administration ?

Je me hâte de dire dès le début que le législateur de 1808, n'a, en aucun endroit, manifesté l'intention de déroger au principe de l'inviolabilité des lettres, si nettement et si souvent posé par le législateur de la période intermédiaire (1).

En outre, l'article 187 du Code pénal actuel, punit d'une amende et d'un emprisonnement jusqu'à 5 ans, les fonctionnaires qui se rendent coupables du délit de la suppression ou de l'ouverture des lettres. Je reconnais que cet article, spécial aux fonctionnaires, est hors de cause dans l'espèce, où le mobile de l'ouverture d'une lettre est loin d'être frauduleux et délictuel. Mais ce qui ressort clairement et évidemment de cet article, c'est l'intention du législateur de considérer le principe de l'inviolabilité des

_______________

(1) Le décret du 10-14 août 1790 et le Code de brumaine, an IV, ont en effet successivement établi ce principe.

lettres comme un principe d'ordre public qui ne doit céder dans aucun cas.

C'est une question du reste de moralité élémentaire qui se rattache au secret des lettres.

« Rien n'est plus funeste et plus préjudiciable à l'ordre
« de la société, disait un orateur de l'Assemblée consti-
« tuante, que le droit de pouvoir violer sous quelque pré-
« texte que ce soit le secret des postes, et Mirabeau ajou-
« tait que c'est sans aucune utilité qu'on violerait le se-
« cret des familles, les confidences de l'amitié, la con-
« fiance entre les hommes.

Les lettres en effet ne sauraient constituer que des preuves essentiellement fragiles, s'il faut croire Jousse (1)
« d'après lequel les lettres ne sont qu'une conversation
« écrite n'exprimant en général que des impressions fu-
« gitives, instantanées, quelquefois mensongères ; la pen-
« sée s'y abandonne en toute liberté à ses fantaisies, à ses
« rêves, et dans ces épanchements de l'esprit, ce n'est pas
« la vérité qu'il faut chercher, ce sont les désirs qui le
« charment, les sensations qu'il imagine, les faits qu'il
« transforme suivant le caprice du moment.

On pourrait donc dire, en se basant sur ces considérations, qu'il est impossible de découvrir dans une lettre les éléments constitutifs de l'intention criminelle, et que la justice n'a aucun intérêt à s'en emparer. Il est vrai qu'une volonté exprimée dans une lettre n'est plus, *in mente re-*

(1) T. 1. p. 745.

*tenta*, mais elle ne s'est pas encore manifestée d'une façon telle, qu'elle puisse constituer un commencement d'infraction au point du vue de la loi criminelle.

Cette règle toutefois n'est pas absolue. Il y a des cas où l'infraction résulte d'une lettre. Ainsi le délit des menaces par écrit ne consiste que dans une simple lettre (1), et dans le délit d'adultère, les seules preuves qui puissent être admises contre le prévenu de complicité sont, outre le flagrant délit, celles résultant de lettres ou autres pièces écrites par le prévenu, nous dit l'article 338 du Code pén. La preuve, dans ce second cas, s'identifie pour ainsi dire avec le délit. Tant que l'une fait défaut, l'autre ne peut exister.

Nous concluons donc que dans plus d'une circonstance la justice est intéressée à la saisie des lettres.

Le Code d'inst. cr. est muet sur la saisie des lettres à la poste. Le seul article que l'on pourrait invoquer dans l'espèce, c'est l'article 88, mais il est fort douteux que l'on puisse s'en prévaloir raisonnablement. Il se rapporte en effet aux objets qui auraient été cachés (2) et Mangin observe avec raison que les lettres ne sauraient être considérées comme cachées à la poste. Trébutien se déclare également contre la saisie (3).

La grande majorité des auteurs se prononce pour la

---

(1) Code pénal, 305.
(2) MANGIN. Instr. Ecrit. T. 1. 160.
(3) Cours de Dr. crim. T. 2, p. 332.

possibilité de la saisie, les uns l'admettent d'une façon absolue, les autres sous certaines restrictions.

D'après certains auteurs, il n'y aurait que les lettres adressées au prévenu qui seraient saisissables, celles adressées par lui à des tiers ne sauraient, dans aucun cas, être frappées de saisie (1).

La distinction nous paraît arbitraire. Si l'on reconnaît la légalité de la saisie dans un cas, il n'y a aucune raison pour en décider autrement dans l'autre. C'est, du reste, dans le cas des lettres envoyées par le prévenu, que la saisie a surtout sa raison d'être. Ces lettres ne sauraient être considérées comme appartenant à des tiers. La propriété d'une lettre n'est transmise au destinataire que lors de sa réception. Avant ce moment, elle est subordonnée à la volonté de l'expéditeur qui, en vertu des règlements postaux, peut en effectuer le retrait. Le destinataire ne saurait donc être propriétaire sous une condition potestative de la part de l'expéditeur (art. 1174, C. c.).

La distinction n'aurait donc ici aucune raison d'être. M. Villey semble s'arrêter à des considérations de fait, lorsqu'il déclare qu'il est impossible de reconnaître le signataire sans briser le sceau. Mais nous supposons que ce point a déjà été constaté, et qu'il n'offre aucun doute. La provenance d'une lettre peut du reste être révélée par l'adresse imprimée par le cachet et aussi *par l'écriture* (2).

(1) VILLEY. Dr. cr., p. 289. — GAR. Dr. cr., p. 589.
(2) DALLOZ. Répert. Suppl. Pr. crim. n° 472.

D'autres auteurs avec plus de logique admettent la saisie indistinctement. Trop soucieux de l'intérêt général, et voulant faciliter à tout prix la tâche de la justice, ils vont jusqu'à déclarer saisissables les lettres qui n'émanent pas du prévenu lui-même, et qui sont destinées à des tiers (1). Mais cette extension du droit de la justice me paraît exorbitante ; Faustin Hélie déclare très judicieusement que c'est étendre le droit du juge au-delà de ses limites légales, que de l'appliquer à des papiers qui n'ont jamais été en la possession du prévenu et qui ne lui appartiennent point (2). Cet auteur, toutefois, après avoir posé cette limitation des droits des tiers, reconnaît dans les autres cas la légalité de la saisie.

Tout en reconnaissant que le principe de l'inviolabilité des lettres existe en législation et en raison, nous devons constater qu'il n'en est pas de même en pratique.

La jurisprudence de la Cour de Cassation est constante sur ce point (3).

La Cour suprême reconnaît que l'inviolabilité des lettres est un principe de haute moralité qui intéresse essentiellement l'ordre public. Mais le respect qu'il commande, ajoute cette cour, n'est pas si absolu pour ne pas fléchir dans l'intérêt de la vérité en matière criminelle.

L'inviolabilité des lettres qui se trouvent dans le cabi-

(1) DUVERGER. T. I n° 134.
(2) Intr. cr., T. 4, p. 419.
(3) Cass. 25 juillet 1853. D. 53. 1. 222. Cass. 9 juin 1883. D. 84. 1. 89. — S. 85. 1. 137 et note Villey sur ce dernier arrêt.

net de l'avocat, est aujourd'hui hors de doute. Il n'y aurait pas en effet de défense, si les différents documents qui en sont des éléments pouvaient être à tout moment à la discrétion du juge.

# CHAPITRE TROISIÈME

## DE LA DÉFENSE A L'INSTRUCTION

> L'instruction criminelle est
> la pierre de touche du droit
> public d'une nation.
> Jérémie BENTHAM.

Dans tout procès criminel, il y a deux phases ou deux périodes bien distinctes, l'instruction et le débat. L'instruction a un caractère essentiellement préparatoire. Tout tend en elle à préparer et à faciliter le débat. On peut dire dans une certaine mesure que l'instruction n'est que la répétition du drame qui va se dérouler aux assises. Le magistrat instructeur descend sur les lieux du crime, opère des visites domiciliaires, ordonne des expertises, interroge surtout le prévenu et les témoins, il prépare en un mot les divers éléments du procès pour les livrer au juge du fonds et en faciliter la tâche. C'est la période du rassemblement des preuves. Le débat, c'est l'examen contradictoire de l'affaire. Il a un caractère définitif et son but est de résoudre la question de culpabilité.

On peut concevoir deux systèmes principaux d'instruction. Je dis principaux, car il peut y avoir un nombre
infini de variantes. On peut donc tout d'abord comprendre l'instruction se déroulant librement entre l'accusateur
et l'accusé. Le juge placé au-dessus d'eux aurait un rôle
passif. Il exercerait plutôt un contrôle qu'une vraie direction de procédure. L'accusateur rassemblerait les preuves,
et l'accusé serait appelé dès le commencement à les
combattre au grand jour de la publicité. C'est le système
ancien de la Grèce et de Rome, c'est celui qui se pratique
aujourd'hui en Angleterre et aux États-Unis. Ce système ne
peut guère se comprendre, que dans les législations qui
ne connaissent pas l'institution du ministère public. Ces
législations ne peuvent confier sans inconséquence la procédure criminelle à l'accusateur.

On peut concevoir en second lieu une procédure préparatoire livrée aux soins d'un juge souverain muni de tous
les pouvoirs nécessaires que la situation exige, d'un juge,
cherchant, interrogeant et rédigeant des procès-verbaux.
Aucune publicité; secret absolu pour le prévenu, pour les
témoins, pour le public : C'est le système de l'instruction
écrite et secrète, ou système inquisitorial.

Le système inquisitorial est l'œuvre de l'ancien droit.
L'enquête est peut-être la première source où il faut re-
courir pour en découvrir les traces.

Ce système qui s'accuse au xɪɪᵉ siècle fut successivement
confirmé par les ordonnances de Villers-Cotterets et celle
de 1670. Cette dernière le consacra définitivement. C'est

celte ordonnance qui posa ce principe que la lumière doit
jaillir du secret de l'instruction. Avant 1670, en effet, des
adjoints assistaient le juge et veillaient à la sincérité de
l'information. L'Assemblée constituante, dans son esprit
essentiellement libéral, exerça également une heureuse
influence sur l'instruction. On revint au système des
adjoints, on rétablit la publicité, et le décret du 9 août
1789 permit au défenseur de suivre pas à pas le rassemblement des preuves. Le Code ne suivit pas la même voie.
L'Empereur aimait peu les institutions libérales, qu'il considérait comme pouvant porter ombrage à sa toute puissante
autorité. L'opposition que trouva en lui l'institution du
jury le prouve amplement (1). L'organisation de l'instruction fut donc négligée par notre Code. « Après avoir, vers
le début de ce siècle, imprimé à toutes les lois de l'Europe
une direction libérale qui sera l'éternel honneur de la Révolution française, dit un honorable professeur de la Faculté
de Paris (2), nous nous étions laissés dépasser peu à peu par
les progrès successifs des nations étrangères et notre Code
ne répondait plus aux principes admis et formulés par les
criminalistes les plus sages et les plus éclairés de l'Europe
contemporaine. »

Rappelons en quelques mots le système du Code de 1808.
Le trait saillant qui le caractérise, c'est que la défense
fait absolument défaut. Tout vise à l'intérêt de l'accusa-

(1) *Le Droit.* Sept. 96.
(2) Esmein. *Histoire de la pr. crim.* p. 580.

tion. Il faut découvrir le crime et rechercher le coupable.
Peu importe le procédé. Voici tout d'abord comment l'instruction commence : Le magistrat instructeur est saisi par les réquisitions du ministère public, indispensables pour qu'il puisse agir (53, 54, 64, 70. c. i. c.).

Le juge d'instruction ne peut agir d'office que dans le cas de flagrant délit ( art. 59).

L'instruction commence ordinairement sur une dénonciation, ou sur une plainte avec constitution de partie civile, (art. 47 et 62). Cette dernière voie suppose essentiellement que le plaignant a subi un préjudice et qu'il en demande réparation. La loi n'oblige pas le ministère public à agir en cas de dénonciation. Celui-ci conserve sa liberté d'action dans toute son étendue (1). Il n'en est pas de même dans le cas de constitution de partie civile (2), et dans le cas de citation directe devant le tribunal correctionnel (art. 182). Dans ces deux cas, l'action civile, par la force même des choses, met en mouvement l'action publique qui, en vertu de l'article 3, ne peut être poursuivie que simultanément avec l'action civile ou avant cette dernière. Une ordonnance du juge d'instruction est donc ici de rigueur. Mais ce qui rend la situation caractéristique, ce qui ébranle l'indépendance du juge d'instruction en fait de poursuites, c'est la faculté qu'a le prévenu d'appeler de cette ordonnance devant la Chambre d'accusation,

(1) Locré, t. 25, p. 106. — Mangin t. 1 . n. 18.
(2)  Garraud, *Précis*, p. 442.

et le droit pour cette Cour d'ordonner des poursuites conformément à l'article 235. Cette question n'offre pas de
doute. Il y a ainsi une première poursuite qui sert de base
à la poursuite nouvelle. Mais il n'en est pas de même de la
question analogue, à savoir si la Chambre d'accusation peut
informer ou faire informer sur un fait complètement nouveau.

Le terrain de la controverse que nous n'avons pas le
loisir d'étudier ici, se trouve dans la combinaison de l'article précité et de l'article 10 de la loi du 11 avril 1810 (1).
Ce dernier texte donne ce droit aux Chambres réunies de
la Cour d'appel qui devront suivre dans ce cas une procédure spéciale, mais rien ne permet d'inférer que la Chambre d'accusation isolée ait le même droit.

Le magistrat est donc saisi, et l'instruction ouverte.
Elle continue à rester secrète. Aucune communication
n'est faite à l'accusé des charges qui pèsent au jour le
jour sur lui. Le magistrat est omnipotent. Il a tous les
pouvoirs que nous avons esquissés au début et il ne subit
ni le contrôle de la publicité, ni celui d'un défenseur.
L'accusé est littéralement abandonné à la discrétion du
magistrat pendant cette première période où tout tend à
lui arracher des aveux. Les aveux sont souvent obtenus.
Mais très souvent aussi c'est l'embarras des premières
impressions qui les suggère. Ce que l'on constate donc
en étudiant le système du Code qui nous régit actuel-

(1) Faustin Hélie. *Instr. crim.* T. 1. p. 634.— Mangin. *Instr.
ecrite*, t. 1, p. 50.

lement, c'est l'absence complète de toute défense. Les formalités abondent lorsqu'il s'agit de faciliter la marche de l'accusation, aucune protection n'est édictée dans l'intérêt de la défense. Des voix autorisées se sont élevées de tous temps contre cette procédure partiale. Dumoulin la qualifiait d'impie, et Ayrault disait « que tout se traite entre des murailles muettes et sourdes, sans que ni public, ni parties, ni juges n'y assistent, et ailleurs, qu'on fait de la justice comme de saints et sacrés mystères qui ne se communiquent qu'au prêtre. »

Malgré les efforts des magistrats et des criminalistes éminents (1), dans le sens d'une réaction, malgré les projets de réforme proposés depuis bientôt 30 ans, aucune loi nouvelle n'est venue bannir la routine.

Il semble qu'une chose ne puisse se faire autrement qu'on l'a toujours faite et rien de plus difficile quelquefois que de réagir contre un préjugé. L'instruction secrète n'est en effet qu'un préjugé et elle n'a pour elle que le mérite d'une longue date. Dès le xiie siècle, ce fut l'instruction secrète qui régit la France, sauf durant une courte période pendant le droit intermédiaire. Le Code d'instruction est, il faut bien l'avouer, suffisamment libéral, mais ses largesses pour les prévenus ne com-

______

(1) DUPIN. *De la libre défense des accusés.*
Le ROYER. *Exposé des motifs*, off., 1880, P. 307.
LEVEILLÉ. *Réforme du Code d'Instr.*
EYSSAUTIER. *Réf., du Code d'Instr. Revue pratique*, t. 58.
CHÉDIEU. *Réforme du Code d'Instr.*
A. PRINS. *De l'Instr. En Belgique.*

mencent qu'après la clôture de l'instruction. Ce n'est qu'à
partir de la mise en accusation, plus précisément même
après l'interrogatoire du président des assises (art. 294 i. c.)
qu'il est permis à l'accusé de communiquer avec son
conseil et de prendre communication des pièces. De toute
cette tendance pour le maintien de l'intruction secrète, il
ne peut résulter qu'une vague crainte de laisser dès le
début un cours libre à la défense. On ne veut lui donner
des armes qu'après que l'accusation s'est bien exercée à
la lutte. C'est un procédé, selon moi, inqualifiable. La défense n'est-elle pas aussi légitime que l'accusation et ne
dérive-t-elle pas mieux qu'elle du droit naturel ? La loi, pas
plus que l'homme, ne doit être athée. Elle doit toujours
s'inspirer de la loi divine ou naturelle, seule loi parfaite.

Mais tâchons de raisonner froidement, et voyons quels
peuvent être les arguments justificatifs du système de
l'instruction secrète maintenue par notre code.

1) On se prévaut tout d'abord de la qualité du juge
d'instruction. A quoi bon donner un conseil au prévenu
là où le ministère public ne fonctionne pas ? Etant donné
que le prévenu n'a pas d'adversaire, le rôle du défenseur
n'a pas sa raison d'être. Le magistrat instructeur n'est
pas le moins du monde l'adversaire du prévenu dit
M. Guillot.

2) L'instruction n'a en second lieu qu'un caractère purement préparatoire. Ce n'est pas à l'instruction que se
décide le sort du prévenu. Or, les craintes sont chimé-
riques, les précautions vaines.

3) Si l'on donnait du reste au prévenu un conseil, l'instruction dégénérerait en débat. Voici comment M. Guillot s'exprime (1) : « En introduisant l'avocat dans le cabinet d'instruction, on va faire naître des abus qui n'existaient pas. L'avocat ne pourra pas exercer son rôle sans provoquer à chaque instant des discussions. Le juge aura à intervenir personnellement. Averti par une réflexion, par un regard de son avocat, l'inculpé cherchera à contester, à retirer des déclarations, des expressions compromettantes. Le juge voudra protester et il en résultera une lutte irritante dans laquelle il perdra la modération et l'impartialité si précieuses pour les inculpés. » Tels sont les principaux arguments du système de 1808. Ce sont plutôt des objections adressées à la réforme possible de notre code d'instruction. A côté de ces objections, on en ajoute d'autres beaucoup moins sérieuses. On dit par exemple que l'admission des défenseurs à l'instruction aura des inconvénients pratiques, que le barreau notamment ne pourra pas suffire à cette nouvelle tâche (2). C'est une grave erreur, à l'heure actuelle surtout, où dans toutes les facultés de droit on constate la pléthore et l'encombrement. La réforme serait plutôt un remède efficace contre le désœuvrement de beaucoup d'avocats. Ce n'est pas non plus cette idée que la réforme ne profiterait qu'aux riches qui semblerait embarrassante. On parerait

(1) Principe du nouueau code d'Ins. cr., p. 141.
(2) Guillot. P. 139.

à cet inconvénient à l'aide d'une assistance officieuse. On nommerait aux prévenus des défenseurs d'office, à l'aide d'une disposition parallèle à celle de l'article 294.

Mais je me hâte de répondre aux principales objections.

Je reconnais que le juge d'instruction n'est pas l'adversaire du prévenu. Mais enfin, est-il aussi impartial qu'on le dit? Il ne faut pas trop connaître le cœur humain pour se faire une idée du zèle qu'apportent les magistrats dans l'accomplissement de leurs fonctions. Ce zèle est évidemment très louable, mais il leur fait voir partout des preuves et des coupables. Un magistrat qui a pour mission de découvrir les délits, acquiert fatalement et malgré lui un certain esprit de partialité. Cette idée est si vraie qu'elle a inspiré à notre législateur la belle institution du jury.

Il a voulu que les questions où se débattent les droits sacrés de l'homme, [fussent confiées à des citoyens auxquels il ne demande que d'être libres (312, Inst. cr.). Eh bien ! le contrôle du défenseur assurera la liberté et l'impartialité du juge. Il le garantira contre ses propres entraînements. Le juge d'instruction, est, je veux bien le croire, le plus consciencieux des magistrats, mais enfin il est sujet à l'erreur; il peut avoir des préventions, il peut être égaré par la passion. Il y a enfin, comme le disait M. Jouin au Sénat, tout le cortège des infirmités humaines (1). Cette question de fait mise de côté, le juge d'instruction ne peut

(1) *Off.*, 9 mai 1882.

pas être impartial à cause du mécanisme même de notre Code. Il est trop lié pour cela avec le ministère public, l'adversaire du prévenu. Il collabore presque avec lui, il reçoit ses réquisitions et maintes fois il agit sous son inspiration. Il est donc difficile de ne pas découvrir deux personnalités dans le magistrat instructeur, le juge qui instruit et le magistrat qui dirige l'action publique.

L'égalité entre le ministère public et la défense qui doit être l'âme de tout procès criminel n'est ici que nominale. On permet au ministère public de prendre communication de l'information et de requérir le juge. Pourquoi ne donnerait-on pas les mêmes droits au prévenu ? Pourquoi ne permettrait-on pas à celui-ci de connaître sa situation avant l'instruction close ? Pour quelle raison lui refuserait-on le droit de contre-expertise et de contre-enquête ? Ce ne sont pas là des privilèges dont bénéficierait le prévenu ce ne sont que les applications de ce principe de raison qui veut que l'accusation et la défense soient placées sur le même pied d'égalité, principe sans lequel le procès est boiteux, et la justice arbitraire et partiale. — Le second argument en faveur du système de 1808 consiste dans le peu d'importance de l'instruction. Que le prévenu prenne patience ! Qu'il attende le débat où il aura toute latitude pour se défendre ! Cette allégation est inexacte mais, fût-elle vraie, elle ne serait nullement décisive. Il est inexact d'abord de prétendre que l'instruction n'a qu'un intérêt secondaire. J'ai présents à la mémoire des souvenirs d'assises et il m'est impossible de nier l'importance que les pré sidents rattachent aux procès-verbaux de l'instruction. La déposition d'un témoin diffère-t-elle un peu de celle que celui-ci a faite devant le magistrat instructeur qu'immédiatement le président insiste, revient sur la déposition, constate la contradiction et appelle enfin l'attention du jury par le dicton banal : MM. les jurés apprécieront ! Les déclarations des témoins aux assises se présentent donc aux jurés avec celles faites au débat et il n'y a pas de raison pour que ceux-ci s'arrêtent aux unes plutôt qu'aux autres.

On a tort par conséquent de méconnaître l'intérêt considérable de l'instruction. Mais à supposer qu'il soit minime je ne vois pas la raison pour laquelle on ferait à l'accusé une situation tellement mauvaise en anéantissant totalement ses droits. J'arrive enfin à la question du défenseur. Faut il donner un conseil au prévenu ? Plusieurs auteurs prêchent la négative. Ils craignent que l'avocat ne corrompe l'atmosphère du cabinet d'instruction et qu'il n'y apporte son influence malsaine, Ils craignent que l'avocat ne trouble les témoins, qu'il ne gène le magistrat. Ces reproches s'adressent à mon avis à l'institution même des avocats. S'il est hors de doute que cette institution réponde-admirablement aux exigences d'une société libérale, et si nos lois ont eu raison de la réglementer et de la reconnaître, il est indispensable de ne pas l'abaisser par d'injurieux soupçons.

On dit enfin que le défenseur fera dégénérer l'instruction en débat. L'objection est sérieuse. Il est indispensable, à moins de vouloir tout bouleverser, que l'instruction garde son caractère propre. On pourrait y faire droit en déterminant bien le rôle du juge d'instruction en lui assignant un rôle compatible avec le caractère de cette première phase de la procédure. Ceci m'amène tout naturellement à dire quelques mots des projets de réforme en ce qui concerne toujours la défense à l'instruction.

Le mouvement réactionnel s'accuse vers la fin du Second Empire. Une commission extra-parlementaire se réunit en 1868 sous la présidence du Garde des sceaux Dufaure, et élabora un projet. Mais la guerre survint, et pendant 10 ans, on ne parla plus de la réforme du Code d'Instruction criminelle. Ce n'est qu'en 1879 que le projet fut déposé au Sénat (1). La Commission chargée de son examen lui substitua un contre-projet très différent du projet primitif, qui fut voté par la Haute Assemblée, le 5 août 1882 (2). La Chambre fait preuve à son tour de lenteurs et d'hésitations. Les commissions se succèdent, les rapports se suivent, et la réforme a toujours peu de chance d'une très prochaine consécration. La raison en est surtout le dissentiment des deux chambres. Dans leurs rapports en effet de 1883, 1887, 1891 et 1895, M. René Goblet et Bovier Lapierre ont proposé le retour au projet du Gouvernement (3). Ce serait le seul efficace, le seul qui ne s'arrêterait pas à des demi-mesures. Ce dissentiment tend

(1) *Officiel*, janvier p., 301.330.
(2) *Off.*, 1882, 7 mai. 5 août.
(3) Rapports Chambres des dép. Sess. extr. 1883. n° 2,377. 1887 n° 1,453. 1891 n° 1,114. 1895 n° 1,646.

cependant à s'effacer. On s'en rend compte en jetant un coup d'œil sur le mouvement produit ces dernières années au Sénat. M. Constans, effrayé sans doute de la longueur demesurée des projets antérieurs, a saisi cette assemblée le 10 août 1895 d'une proposition en six articles (1). Sur une observation de ce sénateur, à laquelle du reste le Sénat avait donné son adhésion, M. Thézard, rapporteur du projet, dut démissionner et la Commission reconstituée admit, contrairement à ses traditions antérieures, le droit pour le défenseur d'assister aux interrogatoires.

En dehors du parlement, le sentiment général réclame unanimement la réforme, et les journaux par de vives polémiques se font constamment l'écho de ses réclamations.

La Cour de Cassation saisie enfin au mois de décembre dernier émit des observations très intéressantes à étudier (2).

Nous nous proposons d'examiner, en rapprochant ces divers projets, les questions relatives au défenseur et à sa communication avec son client, à la communication de la procédure, et celles enfin relatives aux expertises et aux enquêtes.

Il est tout d'abord à remarquer que la réforme de l'instruction n'a surtout sa raison d'être que lorsque le prévenu subit la détention préventive. S'il est en liberté provi-

(1) Sénat Sess. Extr. de 1895. Doc. Parl. n° 22.
Rapport supplémentaire de M. Jean Dupuy. *Gazette des Tribunaux*, 25 mars 1897.
(2) *La loi* 1-2, 3-4, 5-6, janvier 97.

soire, la question de la commission avec le Conseil perd tout son intérêt.

Le décret de l'information est contraire non seulement au droit de la défense, mais encore à l'intérêt général (1). Les acquittements scandaleux qui discréditent la Société sont souvent dus aux contradictions de l'instruction secrète.

Tous les projets (2) s'accordent sur le principe même de l'assistance. Le projet de la Commission de la Chambre l'institue même d'office, à l'exemple de l'article 294. Heureusement dès 1834, la pratique avait suppléé à cette lacune législative (3). On ne discute donc plus que sur l'ampleur de l'innovation.

A partir de quel moment faut-il permettre au défenseur de communiquer librement avec l'inculpé ?

Faut-il l'admettre pendant les interrogatoires et les confrontations ? Faut-il tempérer cette communication par la restriction de la mise au secret ? Autant de questions qui ont passionné les membres des assemblées législatives.

(1) Je ne rappellerai que cette retentissante affaire d'assassinat dont le monde parisien conserve encore le souvenir (fév. 1897), et dans laquelle la maîtresse de l'accusé avait déclaré qu'on lui avait offert de l'argent pour lui arracher l'aveu de la culpabilité de son amant. Ce n'était peut-être qu'une affirmation. L'avocat général cependant avait cru devoir abandonner l'accusation. L'accusé était acquitté. C'était le glas de l'instruction secrète, a dit Me Henri Robert.

(2) Projet de gouv. art. 127. — Projet du Sénat. 141. — Projet de la comm., de la Ch., *idem.*

(3) Circulaire du Procureur de la République près le tribunal de la Seine aux juges d'instr. *La loi* 3-4 janv. 1897.

Le projet primitif et le projet de la Chambre admettent la communication dès le début. Il est bien entendu cependant qu'en fait, elle ne pourra jamais avoir lieu avant le premier interrogatoire qui n'est d'ailleurs que de pure forme (1).

Le projet du Sénat, bien que ne l'admettant qu'à ce moment, ne présente pas sur ce point des différences essentielles. Mais là où le projet prête à la critique, c'est lorsqu'il exclut le défenseur des interrogatoires et des confrontations (2). Le projet primitif se montrait moins méfiant. Il admettait que le défenseur pût être présent à tous les actes de l'information, interrogatoires, auditions des témoins, perquisitions et transport, et pas seulement à ce dernier acte comme l'a voté le Sénat en 1882 (3). La Chambre commence par lever cette restriction (4) et donne, en 1895, le droit aux parties, d'assister même aux auditions des témoins (5), droit qu'elles n'avaient d'après aucun des projets antérieurs (6). Fait assez bizarre dans cette élaboration parlementaire : Le Sénat avait rejeté un projet qu'il considérait comme péchant par excès de libé-

(1) Comp. art. 294. J. C.
(2) Projet Sénat, art. 138. — Projet primit. 119.
(3) Art. 53.
(4) Art. 47. Projet 1883 et 1887.
(5) Art. 78. Projet de 1895.
(6) Le projet primitif disposait en effet dans son art. 64 que les témoins pouvaient être entendus soit en présence des parties, soit en dehors de leur présence.

ralisme, et la Chambre l'a remanié dans un sens encore plus libéral.

Entre tous ces projets, nous n'hésitons pas un instant, nous nous rallions au projet du gouvernement remanié par la Chambre en 1895. Nous pensons qu'il résout seul, dans le sens de l'équité et des principes du droit, la question relative aux interrogatoires et aux confrontations. Quelles peuvent être les objections contre un pareil système, s'il n'en résulte aucun droit de débat oral pour les parties ? Quel inconvénient y a-t-il à ce que le défenseur puisse entendre et voir ce qui se passe dans le cabinet du juge d'instruction ?

Craint-on d'éveiller les susceptibilités du magistrat instructeur ? Recule-t-on devant la monstruosité juridique de l'interrogatoire concerté ? Ce sont les objections des orateurs du Sénat. Quant à la Cour de cassation, elle crible également de ses puissants arguments le système primitif. Des difficultés pratiques et des arguments de fonds le rendraient d'une solidité douteuse. D'après le principal de ces derniers l'œuvre à accomplir devant le juge d'instruction serait une œuvre d'investigation et non de discussion. Nous faisons plus loin droit à cette objection, bien que convaincu que le projet du gouvernement, n'admettant qu'une contradiction très mitigée, ne détruit nullement l'harmonie de la procédure criminelle. Mais la Cour de cassation n'admet même pas la présence du défenseur à ces actes d'information à titre de simple conseil, ou de protecteur muet. Elle la considère comme humiliante pour le magistrat « contraint de la subir et pour l'avocat contraint de l'accepter. » Ce sont de ces objections qu'il est permis de repousser sans les réfuter.

Passons maintenant à un second point.

Pour que l'assistance du défenseur soit efficace, il est absolument nécessaire que celui-ci ne se trouve pas dans une ignorance complète de l'information. Il est indispensable qu'il connaisse le dossier de la procédure. A quel moment faut-il lui permettre d'en prendre connaissance ? D'après le projet du gouvernement, la communication des pièces doit avoir lieu immédiatement, sauf la restriction de la mise au secret, restriction qui malheureusement abolit toute garantie. Le projet du Sénat distingue : la communication est facultative lorsqu'elle est jugée compatible avec les nécessités de l'instruction ; elle est obligatoire la veille de chaque interrogatoire. D'après l'amendement Grandperret, les pièces seraient communiquées au prévenu et à son conseil avant la clôture de l'information. On comprend l'idée de M. Grandperret : permettre au juge d'instruction de mener tranquillement sa tâche à bout, ne l'obliger à éclairer l'inculpé sur l'état de la prévention qu'avant le rendu de l'ordonnance ; le magistrat pourra agir seul tant qu'il n'aura pas prononcé, peu avant seulement, il doit faire connaître les pièces de la procédure à l'inculpé. C'est alors que celui-ci pourra demander par l'organe de son conseil un supplément d'information qui consistera soit dans l'audition de nouveaux témoins, soit dans une contre-expertise ou une contre-enquête. L'idée est ingénieuse, et il semblerait qu'on conciliât par ce nouveau procédé tous les intérêts en cause. Il semble que le prévenu n'ait aucune réclamation à faire, puisque le secret de l'instruction cesse pour lui avant l'ordonnance du magistrat. Je doute que ce système intermédiaire sauvegarde d'une façon satisfaisante les droits de la défense ; il les sacrifie tout bonnement à ceux du pouvoir public et on peut très légitimement lui reprocher d'être arbitraire et partial. « Il est irrationnel, écrit un savant criminaliste, si l'on croit à l'utilité, à la nécessité d'un contrôle, qu'on fasse porter uniquement et toujours le contrôle sur des opérations finies. C'est donner d'une main et retirer de l'autre ; le contrôle après coup ne vaudra jamais le contrôle contemporain des actes. Que vous vérifiiez après coup des opérations qui ne vous ont pas attendu, parce qu'elles ne pouvaient pas vous attendre, je le conçois, mais ce que je ne conçois pas, c'est que le juge vienne dire à l'avocat : je vais travailler, en conséquence, je vous bande les yeux ; je vous permettrai de regarder quand j'aurai terminé. On va donc instituer une garantie, non pas avec son maximum, mais avec son minimum d'effet (1). »

Le système Grandperret rend donc inefficace le concours du conseil. Ce contrôle, pour ainsi dire posthume, ne pourra rien contre des faits déjà censés établis, et contre des impressions faites. Il est plus logique d'ailleurs

_______________

(1) Léveillé, *Réforme du C. d'Instr.*

d'appeler l'avocat à suivre le rassemblement des charges,
au moment où celles-ci se forment que de le faire lorsqu'elles ont pris déjà la consistance de preuves. Il y a un autre point encore qui a son importance, c'est que la conviction du magistrat instructeur sera faite au moment du contrôle tardif, et il ne faut pas oublier que c'est à l'instruction
que se décide la question de savoir si le prévenu sera
renvoyé des fins de la présentation ou déféré à la Chambre
des mises en accusation. Étant données ces raisons, j'estime que l'amendement Grandperret a été repoussé avec
raison par le Sénat (1).

Les deux projets péchent, selon moi, par la disposition de la mise au secret, qui rend la défense facultative. M. le Royer s'est expliqué catégoriquement sur ce
point dans l'exposé des motifs. En cas de délit ou en
cas de crime, lorsque la mise au secret a été jugée nécessaire, le prévenu peut être privé de son défenseur. L'article 114 du projet du Sénat dispose également que lorsque le juge d'instruction croit devoir refuser toute communication il ne peut le faire que par ordonnance spéciale et motivée.

Malgré cette dernière garantie, la faculté de la mise au
secret est funeste à la défense. Qu'importe que l'on donne
un défenseur au prévenu, qu'on lui permette de connaître

(1) L'Allemagne, l'Autriche et la Belgique, pays qui ont ré-
formé leur Code d'instruction, n'admettent la communication des
pièces, que si elle est compatible avec les nécessités de la recherche des preuves.

l'information, si l'on fait dépendre ces mesures du pouvoir discrétionnaire du juge. Pour avoir de l'utilité, la défense doit être obligatoire, le prévenu doit la tenir de la loi et non du juge. Sans cette condition, elle devient la source de nombreuses injustices.

Je ne saurais donc adhérer sur ce point au système du gouvernement pas plus qu'à celui de la Commission sénatoriale. Le premier pose nettement le principe de l'assistance facultative. Quant au second, le même principe résulte des dispositions combinées des articles 138-114.

La Chambre du Conseil, rétablie par tous ces projets, paraît un rouage inutile, étant donnée l'existence de la Chambre des mises en accusation. Il n'en est rien ! Les Chambres d'accusation n'existent que dans les sièges de Cour d'appel. Dans les petites localités, les Chambres du conseil exerceront un contrôle plus rapide sur les décisions du juge d'instruction.

Le droit de contre-expertise, et de contre-enquête, quoique vivement combattu au Sénat, est essentiel à la défense. Le rôle du défenseur consistera surtout à solliciter de pareilles mesures, un supplément d'expertise ou une nouvelle enquête. Je veux bien croire que la justice choisit admirablement les experts, que ceux-ci servent avec une égale sollicitude les intérêts en cause, cependant très souvent une expertise demandée par la défense éclaire mieux la justice. Et c'est pour cette raison et nullement pour une raison de méfiance qu'inspireraient les experts, que la réforme est à souhaiter sur ce point (1). Les trois pays mentionnés plus haut (Autriche, Allemagne et Belgique) reconnaissent ce droit à la défense. D'après tous les projets (2), le défenseur se fait représenter dans l'expertise par un expert qu'il désigne lui-même. L'habitude de servir d'auxiliaires de justice pouvait faire soupçonner les experts de complaisance et de parti pris. Les experts du reste nommés par la justice sont dominés par un système scientifique exclusif. La réforme donc s'impose, d'autant plus que l'expertise n'est plus possible devant les juridictions du jugement.

J'arrive maintenant au point capital de la discussion : à la détermination du rôle du défenseur.

Je proposerai ici un système transactionnel. Dans le système anglais, c'est le débat contradictoire dès le début. La *cross-examination*, n'est qu'une lutte entre les témoins et les conseils des parties. Le juge reste le spectateur muet de la scène qui se déroule devant ses yeux.

Le projet du gouvernement, un peu moins libéral, vient en seconde ligne. Le débat oral existe dans une certaine mesure, en ce sens que le conseil assiste à l'audition des té-

(1) M. de Gavardie rendait au Sénat justice à l'impartialité des experts. Il avait à défendre, disait-il, un accusé pour coups et blessures ayant occasionné la mort. Le médecin avait établi que le pariétal était beaucoup plus mince chez le mort que chez le reste des hommes. M. de Gavardie s'était emparé de cet argument et avait dit aux jurés : Si mon client en avait frappé un autre, cet autre ne serait pas mort.

(2) (Projet gouv. 49. Projet sénat et Ch. 62).

moins et à l'interrogatoire et peut y prendre la parole.Mais il diffère du système anglais, en ce que l'oralité n'y est pas essentielle. Le projet du Sénat 1882, va encore plus loin et défend à l'avocat d'assister aux interrogatoires et auditions des témoins. Les Codes autrichien, allemand et belge assignent au défenseur le rôle de simple conseil.

C'est au système que ces pays ont adopté que je crois devoir me rallier. Ce système aura le mérite de faire conserver à l'instruction son caractère préparatoire sans la faire dégénérer en débat.

L'avocat ne parlera pas dans le cabinet d'instruction, ce qui tranquillisera beaucoup d'esprits chagrins et pessimistes. Aucune discussion, aucune lutte ne viendra troubler cette enceinte paisible et recueillie. Mais l'avocat suivra pas à pas toute l'information à partir du premier interrogatoire, il assistera par conséquent à toutes les auditions des témoins. Sur ce point, je m'écarte des dispositions du projet Dauphin et de celles des lois allemande et belge. En enlevant la parole à l'avocat,on fait droit, à mon avis, à toutes les objections. L'avocat doit être présent, dit un auteur éminent, « à l'accouchement successif des preuves ». Quand les reines de France étaient en mal d'enfant, l'usage voulait qu'on mandât auprès d'elles, dût leur pudeur s'en alarmer, les grands personnages de l'Etat, afin que l'identité du prince royal ne pût jamais être plus tard l'objet d'un doute. « Nos magistrats peuvent,dit M.Léveillé, imiter ces princesses souveraines, afin que l'autorité de leurs constatations en soit accrue d'autant, afin que les procès-verbaux qu'ils signent soient placés au-dessus de toutes les incertitudes et de tous les soupçons. »

Que l'avocat se borne à éclairer son client par ses conseils, qu'il soit là pour veiller à ce que la loi soit observée, à ce que des injustices ne soient pas commises, pour demander, si les circonstances l'exigent, un supplément d'information, et les intérêts de la défense seront suffisamment sauvegardés. Il est de toute utilité également de garantir les concessions que l'on fait par une sanction efficace. Puisqu'on ne veut pas que l'avocat relève par la parole les erreurs commises, qu'on lui permette au moins de prendre des conclusions écrites et de demander au juge acte des incidents qui constitueront pour lui une violation de la défense. Muni d'une preuve légale, l'avocat pourra faire valoir ses droits méconnus devant la juridiction de fonds. Il n'apportera pas son témoignage personnel, ce qui répugne aux convenances judiciaires, mais une preuve revêtue de l'autorité de la justice. Toute objection se trouve ainsi écartée. Je me résume. La défense à l'instruction s'exercera par la consultation et non par la parole. Le défenseur se bornera à prendre des conclusions écrites (1). Il est impossible de nier l'importance de l'instruction. L'audience ne se suffit jamais à elle-même. Elle est supplée par l'instruction. Si celle-ci est viciée, il en est de même de l'autre. Pourquoi donc, comme le dit Adolphe

____

(1) En ce sens, EYSSAUTIER, *Revue Pratique*, T. 53.1.

Prins, donner à l'une l'oralité, la lumière, la publicité,
à l'autre, l'ombre, l'écriture, le secret ?

Nous dirons pour terminer quelques mots de la publicité. Dès l'instant que l'accusé est amené devant la justice,
dit Mittermaier (1), il se trouve de droit placé sous l'égide
du public et protégé par là contre toute illégalité, tout abus
ou excès de pouvoir. La publicité serait donc une condition essentielle de l'information. L'éminent auteur semble
être entraîné, selon nous, par un excès d'admiration pour le
système anglais. Nous pensons au contraire que la protection est plus efficace par la seule assistance du défenseur.
Le public ne doit pas être admis à suivre l'information.
Il faut agir discrétement au début des affaires pour ne pas
laisser s'évanouir toutes les preuves. (2) Les codes allemand et belge rejettent avec raison la publicité.

Les Etats étrangers peuvent se classer en deux groupes
bien distincts, en ce qui concerne le système de leur instruction criminelle. On peut distinguer en effet ceux qui
sont régis par un code analogue au code français comme
l'Italie, la Grèce, et l'Ecosse et ceux qui transportent à
l'instruction préparatoire les règles qui président aux
débats devant la juridiction du jugement. Ce sont
les Etats-Unis et l'Angleterre. Le soin de procéder aux
premières investigations judiciaires, tâche que remplit en
France le magistrat instructeur, est en Angleterre confiée

_______________

(1) Procéd. Crim. En Angl. en Ecosse et aux Etats-Unis.
(2) En ce sens Le Royer, Léveillé.

à la police. Le plaignant contribue avec la police au rassemblement des preuves. L'accusateur et l'accusé se présentent dès le début, accompagnés d'un ou de plusieurs conseils, et ce sont ces conseils qui interrogent les témoins, d'une façon si habile paraît-il, que ces interrogatoires sont restés célèbres dans les Annales judiciaires sous le nom de cross-examination. L'Ecosse est régie actuellement par un système tout différent de celui de l'Angleterre. C'est le système inquisitorial, ou système du code français, qu'elle a adopté et conservé. L'information préparatoire y est secrète nous dit Mittermaier (1). Elle tend à obtenir les aveux de l'accusé qui n'a ni la ressource d'un défenseur, ni l'avantage que tout accusé a en Angleterre de faire subir un interrogatoire aux témoins après leurs dépositions, ceci peut paraître bizarre, étant donnés l'affinité, la communauté de mœurs, et les liens enfin de diverses sortes qui unisssent l'Ecosse à l'Angleterre. S'il faut croire Mittermaier, cette bizarrerie s'explique par ce seul fait que le peuple écossais fut toujours étroitement lié à la France.

(1) P. 247.

# TROISIÈME PARTIE

## DE LA DÉFENSE PENDANT LA PÉRIODE INTERMÉDIAIRE.

---

## CHAPITRE PREMIER

### DE LA NOTIFICATION DE L'ARRÊT DE RENVOI ET DE L'ACTE D'ACCUSATION. DE L'AVERTISSEMENT ET DE L'INTERROGATOIRE.

Le premier acte de la période intermédiaire prescrit dans l'intérêt de l'accusé, c'est la notification de l'arrêt de renvoi et de l'acte d'accusation. Cette disposition contenue dans l'article 242 de notre Code est puisée dans la loi des 16-29 sept. 1791. Le but de cette double notification ressort avec évidence. Porter à la connaissance de l'accusé par une voie légale les faits qui lui sont reprochés, mettre celui-ci à même de se défendre, c'est ce que se propose l'article 242.

Jusqu'à ce moment, la procédure a été secrète. L'accusé n'a pu connaître pendant l'instruction que d'une façon imparfaite les chefs de l'accusation et l'importance des charges.

Cette notification correspond à la citation en matière correctionnelle et à l'exploit d'ajournement en matière civile. La loi veille toujours à ce que l'individu appelé en justice soit averti légalement des faits sur lesquels il doit répondre. Il devait en être ainsi *a fortiori* en matière criminelle. Nous ne saurions guère insister sur l'importance de cette formalité dont l'omission entraîne nullité radicale, car elle met l'accusé dans l'impossibilité de préparer sa défense et de profiter de la disposition de l'article 296. Comment, en effet, pourrait-il attaquer un arrêt que légalement il ignore ?

Ces vérités ne furent prises en considération par la Cour suprême qu'en 1845. C'est à ce moment seulement que la nullité fut franchement rattachée à l'omission (1).

La notification de l'arrêt de renvoi doit précéder l'interrogatoire. Il est plus conforme aux intérêts de la défense que l'accusé connaisse à ce moment, d'une façon précise, les mesures de la culpabilité. On admet cependant en doctrine que cette règle n'est pas prescrite à peine de nullité et qu'il suffit que l'accusé jouisse de l'intégralité du délai de l'article 296 (2).

La notification doit être totale et non partielle. L'article 242 ne permet aucun doute, et c'est absolument à tort que la jurisprudence a invoqué ici la condition du préju-

(1) Cass. 1838. Bull. 565. art. 33. Loi 1791. — 21 janv. 92. P. F. 92. 1. 216, 5 mars 96. 96. 1. 148.

(2) F. Hélie. 6. 438. C. 21. Avril 1870. B. 90.

dice (1). Il est regrettable que la Cour suprême soit tellement portée quelquefois aux créations et aux découvertes. Il faut leur réserver le sort qui leur est dû . Une notification incomplète équivaut à l'absence de notification. La défense des accusés (2) comprise dans le même acte d'accusation est indivisible. « Est-ce que chacune des imputations dirigées contre l'un des coaccusés, comme le dit si bien Faustin Hélie, ne peut pas se réfléchir indirectement contre les autres? Briser ainsi l'acte d'accusation en autant de tronçons qu'il y a d'accusés, n'est-ce pas établir des actes d'accusation spéciaux à chacun d'eux, et diviser l'accusation générale en accusations partielles? N'est-ce pas enfin isoler les accusés, détruire l'unité du débat et rendre par conséquent la manifestation de la vérité plus difficile ? Malgré la limpidité de ces arguments, la jurisprudence persiste à se montrer avare de nullités. Désireuse d'assurer la stabilité de la procédure, elle sacrifie à cet intérêt d'ordre public, un autre intérêt du même ordre, celui de l'accusé. Ainsi elle a souvent statué soit que la circonstance de la préméditation lorsqu'elle a été omise n'emporte pas nullité, soit qu'il n'y ait pas entrave au droit de la défense lorsqu'il y a des erreurs matérielles, soit enfin que le silence des accusés couvre la nullité qui résulterait de la différence entre l'acte d'accusation signifié et l'original de

(1) C. 23. Déc. 1852. B. 413.
(2) La question se pose notamment dans le cas de plusieurs accusés, jugés ensemble, à raison p. ex. de la connexité de leurs crimes.

cet acte. Sans doute l'omission de toute réserve dans l'espèce atténue un peu le refus de nullité. Cependant n'y a-t-il pas là des vices de procédure assez virtuels pour que l'accusé puisse agir en nullité en tout état de cause ? Et faut-il lui opposer une exception de forclusion parce qu'il n'a pas protesté devant la Cour d'assises? Quant au défaut de préjudice, nous remarquerons que la question de forme doit être indépendante de toute question de fonds. Dès qu'une forme essentielle a été omise, la nullité doit s'ensuivre indépendamment de tout préjudice. La seule condition de la nullité doit être la preuve de l'omission. Ce n'est du reste que pour écarter les difficultés de ce genre que la loi a posé la théorie des nullités virtuelles en matière de procédure.

La loi qui prescrit la notification de l'acte d'accusation au profit de l'accusé, ne veut pas que cet acte soit connu des tiers. La défense en effet peut être ainsi compromise. Un courant d'opinions ordinairement défavorables à l'accusé se forme avant l'audience, et les juges ne peuvent plus puiser leur conviction dans le débat seul, ainsi que le veut le législateur. La loi de 1881 (1) s'est proposée aussi de parer à ces fâcheux inconvénients. Elle interdit de publier les actes d'accusation et les autres actes de procédure criminelle avant qu'ils n'aient été lus en audience publique. Cette loi manque son but. Les actes d'accusation offrant plus de garanties de vérité que les faits per-

_______________

(1) Comparer art. 10. 1. Loi 27 juillet 1849 et art. 38 de la loi du 29 juillet 1881.

sonnels et fantaisistes cités par les journalistes, ne semble-t-il pas qu'on devrait plutôt interdire ces derniers ? Ces faits sont indubitablement de nature à nuire davantage à l'accusé et c'est à ceux-là qu'on devrait s'en prendre d'abord. L'objection demeure à notre avis sans réplique. La loi de 1881 a fait sur ce point fausse route (1).

La disposition que nous esquissons en ce moment n'est établie que dans l'intérêt de la défense. Cet intérêt s'oppose à la publication des actes de l'accusation avec autorisation de l'accusé. Cette doctrine rallie les suffrages de la jurisprudence. Faut-il toutefois pousser la protection de la loi jusqu'à permettre à l'accusé d'agir en diffamation à raison de la violation de l'article 38 ? Le législateur de 1851, en établissant la responsabilité pénale des journalistes qui publient les actes d'accusation, a-t-il voulu les exempter de toute responsabilité civile ? Nous n'aurions aucune bonne raison de le croire. Nous trouvons même, en faveur de l'affirmative, un puissant argument *a fortiori*. L'accusé subit un préjudice non seulement dans sa considération et son honneur, mais encore dans sa défense, qui peut être ainsi irrémédiablement compromise. Objectera-t-on que le journal qui viole l'article 38 ne fait pas œuvre personnelle ? C'est bien évident ! et l'article 41 a reconnu cette vérité en relevant de toute responsabilité ceux qui ne donnent que la teneur d'un document officiel. Mais l'article 38 a justement dérogé à

(1) BARBIER, Code des lois sur la presse.

l'article 41 § 3 et a laissé au journal la responsabilité des allégations, qui, à défaut d'immunité, sont considérées comme personnelles.

L'accusé a le droit de se pourvoir en cassation contre l'arrêt de renvoi. La loi ne se borne pas à donner ce droit à l'accusé, mais elle le porte à sa connaissance par un avertissement du président (art. 296).

Cet avertissement doit s'en référer au droit de recours et au délai de cinq jours. La sanction en est contenue dans l'article 297. L'avertissement fait partie de l'interrogatoire. L'interrogatoire, qui doit avoir lieu 24 heures au plus tard après l'arrivée de l'accusé dans la maison de justice (art. 393), est le point de départ d'une période, dans laquelle le législateur s'est occupé minutieusement des droits de la défense. En effet, les garanties protectrices de l'accusé y abondent. Droit de recours contre l'arrêt de renvoi, avertissement, nomination d'un défenseur, libre communication de celui-ci avec son client, possibilité d'un supplément d'information au profit de la défense, tout vient à l'appui de ce que nous avançons. Etant donnés les caractères d'importance majeure de la défense, la loi, dans l'intérêt et la dignité de la justice même, devait lui donner aussi libre cours qu'à l'accusation. Elle ne l'a fait que tardivement afin de permettre à cette dernière de se produire et de se fixer. Puisque l'instruction est close, et que l'accusation, qui en est le but, est formulée invariablement dans l'acte d'accusation, il est de toute justice de ne plus hérisser d'obstacles la voie de justifications qui doit s'ouvrir devant tout accusé. La loi aplanit par l'interrogatoire le terrain de la défense ; l'interrogatoire est donc un moyen de défense à un double point de vue, d'abord parce qu'il tend à la nomination d'un Conseil et à l'avertissement du droit de recours, et en second lieu, parce qu'il permet à l'accusé de se justifier en modifiant les déclarations qu'il a faites à l'instruction. Voici ce que dit à ce sujet M. Delacuisine (1). L'interrogatoire est pour l'accusé l'approche d'un grand jour où jamais de plus grands intérêts ne seront agités pour sa famille et pour lui-même, innocent ou coupable, victime ou criminel, accablé par l'évidence des preuves ou en butte à des persécutions acharnées, le seul aspect d'un homme nouveau, revêtu d'une importante dignité et étranger aux persécutions de la poursuite, ouvrira son âme à l'espérance et parfois son cœur au besoin d'épanchement sans réserve. Dans le commerce intime de la justice humaine avec un malheureux sans appui, cette première mission du magistrat s'exercera avec les sollicitudes de sa prévoyance, comme plus tard elle s'accomplira avec toutes les sévérités de la loi. A d'autres temps, donc les fonctions austères et les investigations rigoureuses, la crainte et ses émotions, le reproche et ses amertumes !

La jurisprudence, comprenant l'importance d'un tel acte et se mettant d'accord avec la doctrine, a statué résolument que l'absence ou l'insuffisance de l'interrogatoire en entraîne la nullité et qu'en outre, cet acte n'est valable

_______

(1) *Traité des pouvoirs judiciaires,* p. 142.

qu'autant qu'il a été constaté dans un procès-verbal régulier (1). Les articles 266 et 293 disposent que l'interrogatoire doit être fait par le juge de la session dans laquelle doit être jugé l'accusé, mais ils admettent la faculté pour le président de déléguer ce droit. La loi considère à raison dans ces textes le droit de délégation comme purement exceptionnel, car il est utile à la défense que le président qui dirige les débats interroge aussi l'accusé. En effet, l'interrogatoire a pour but de préparer le débat oral. La procédure intermédiaire et la procédure orale s'enchaînent étroitement. Il y aura donc plus de continuité dans un procès criminel s'il est constamment dirigé par le même président. « Il est utile, dit Faustin Hélie, que le magistrat qui doit présider les débats connaisse à l'avance les accusés, leur situation, leur physionomie, qu'il écoute leurs moyens de défense, qu'il signale les omissions de la procédure écrite (2). »

(1) Cass. 6 janv. 1872. Bull. c. c. 8.

(2) Mais la jurisprudence, se basant sur la possibilité de délégation que lui donne la loi et sur le devoir qu'a le président du tribunal de première instance d'interroger l'accusé dans le cas où le président des assises n'est pas sur les lieux, a statué que la délégation se présume (Cass. 9 févr. 1865, B. 32. V. aussi Décret 6 j. 1810) même lorsque les assises se tiennent au siège de la Cour d'appel. La Cour suprême est arrivée graduellement et insensiblement à ce résultat, elle a commencé en effet par décider qu'il n'y a aucune nécessité de délégation expresse, que le fait d'un autre juge de procéder à l'interrogatoire suppose l'empêchement de qui de droit. En présence de ces décisions de la jurisprudence, les questions qu'on pourrait se poser afin de savoir si le

Quels sont les faits qui rendent nécessaires un second interrogatoire alors que le premier a été régulier ? Nous verrons dans la suite que la jurisprudence estime qu'en cas de cassation de l'arrêt de la Cour d'assises un autre défenseur doit être nommé à l'accusé. Nous concluons, à raison de la corrélation qui existe entre l'interrogatoire et la nomination du défenseur, qu'un nouvel interrogatoire devient dans ce cas indispensable. La solution est la même en cas de cassation de l'arrêt de renvoi. M. Nouguier, qui combat triomphalement l'opinion contraire, en donne des raisons très concluantes. Étant donné que le premier arrêt de renvoi est mis à néant et qu'un autre va être rendu, la nécessité d'un second interrogatoire devient impérieuse.

Où sera la garantie de l'accusé, comme le dit cet auteur, contre les irrégularités possibles du second arrêt de renvoi, si ce n'est dans le droit de se pourvoir contre lui ? et si ce droit existe, comment admettre que la loi, qui a considéré l'avertissement de l'interrogatoire comme indispensable pour le premier arrêt, ne le considère pas également comme indispensable pour le second ?

On peut dire, en généralisant ces principes, que l'interrogatoire doit suivre le sort de l'arrêt de renvoi dont il est la suite ; toutes les fois que l'arrêt de renvoi est annulé, il en est de même de l'interrogatoire. Ces principes résul-

président du trimestre en cours a qualité pour interroger un accusé qui sera jugé à une prochaine session, n'offre guère de difficulté, il ne peut jamais être question de nullité.

tent implicitement d'un arrêt de cass. du 16 mars 1876 (1)
rendu dans une espèce où le pourvoi formé contre l'arrêt
de renvoi fut rejeté. « Attendu, disait la Cour suprême,
que si l'arrêt de renvoi est resté entier, le président n'est
point obligé de procéder à un nouvel interrogatoire ». —
L'interrogatoire est prescrit dans l'intérêt de la justice,
mais surtout dans l'intérêt de l'accusé. Il est évident qu'il
doit être entendu par lui. Le ministère d'un interprète
est quelquefois nécessité par la force même des choses.
L'article 322 du Code d'Inst. cr. prescrit, à peine de nullité,
l'adjonction d'un interprète. Mais cet article ne vise que la
période des débats. La doctrine et la jurisprudence, argu-
mentant *a contrario* de cette disposition, considèrent la
nullité comme simplement facultative. C'est le président qui
est le maître de régler les formes de l'interrogatoire. C'est
à lui de décider s'il y a lieu de nommer un interprète. Son
droit en la matière échappe à tout contrôle. Voici comment a été motivé un arrêt récent de la Cour de cassation
« Attendu, qu'à la différence de l'article 332, l'article 293
relatif à l'interrogatoire de l'accusé par le président avant
l'ouverture des débats, n'exige dans aucun cas l'intervention d'un interprète, que la loi s'en repose sur ce
magistrat du soin de s'assurer que les questions qu'il
adresse à l'accusé et les avertissements qu'il doit lui
donner sont entendus par lui ; attendu qu'il en est de
même lorsque le président des assises, avant de procéder à

(1) B. 81.

cet interrogatoire, à désigné un interprète pour une langue différente de celle que parle l'accusé, que, dans ce dernier cas, comme dans l'autre, la loi s'en remet à sa conscience pour s'assurer que les questions et avertissements susvisés, sont compris par l'accusé.

Par ces motifs, rejette... (1) »

(1) Cass.13 août 1891. P. F. 92.1.275.

# CHAPITRE DEUXIÈME



Nous arrivons aux articles 294 et 295, sur lesquels nous aurons de plus longs développements à fournir. Ces articles posent trois principes bien distincts : 1º Le droit de se faire assister d'un conseil ; 2º le droit de le choisir librement dans les limites légales ; 3º le devoir enfin pour le président des assises de nommer un défenseur à l'accusé qui n'en a pas choisi. Ce dernier principe n'est que celui de l'assistance obligatoire, ou de l'assistance d'office.

Nous étudierons ces trois règles successivement :

### Paragraphe 1.

## Droit d'assistance.

Nous avons retracé chemin faisant, l'évolution historique du droit d'assistance en matière criminelle, nous avons montré comment le droit reconnu d'abord aux accusés dans les législations grecque et romaine fut supprimé par les Ordonnances des XVIᵉ et XVIIᵉ siècles. Le Code de 1808 suivit sur ce point les errements du droit intermédiaire. Il fut libéral en édictant l'article 295. Cet article est le commencement d'une phase nouvelle dans la procédure. La défense entre en scène au moment où l'accusé est interrogé. Mais il n'y a dans le code aucune formalité pour constater légalement ce commencement de la défense. Le défenseur qui doit assister l'accusé n'a aucun délai pour connaître son ministère, et aucune notification ne lui est adressée à ce sujet. C'est ce qu'a décidé la Cour de cassation dans de nombreux arrêts, notamment dans celui du 14 janvier 1886 (1). Nous pensons qu'on suppléerait heureusement à cette lacune de notre Code, en exigeant que le défenseur signât dans les vingt-quatre heures, le procès-verbal dont parle l'article 296.

Quelle est l'étendue du droit pour l'accusé de se faire assister d'un conseil? Les termes de l'article 294 s'opposent-ils à ce qu'il en ait plusieurs? Il serait déraisonnable de le penser. Il faut avouer cependant que notre article peut inspirer quelque doute sur l'opinion que nous soutenons. Ce doute s'accentue sensiblement si l'on compare l'article 294 du Code d'Instr. à l'article 321 du Code de Brumaire. Ce dernier article disposait formellement que l'accusé pouvait choisir un ou plusieurs conseils. Cette différence de rédaction entre les deux articles a paru significative à quelques auteurs qui ont conclu que le législateur de 1808 a voulu rompre avec le passé. M. Nouguier se rapproche davantage de la vérité et des vrais princi-

(1) Bull. Cass. cr. n° 15.

pes. Il fait observer avec beaucoup de raison que les termes de l'article 294 sont simplement démonstratifs. De ce
qu'un article en effet a visé un cas spécial, il ne s'en suit
pas du tout qu'il ait entendu exclure toutes les autres hypothèses. Du reste, le silence de la loi ne suffit pas pour qu'on
puisse porter atteinte à un droit aussi essentiel. Seule,
la pluralité des défenseurs, assure quelquefois une défense efficace. L'Angleterre, pays d'esprit pratique et de
raisonnement sûr, accorde ordinairement deux défenseurs
à chaque accusé, et le Code d'Instr. cr. autrichien, porte
aussi dans son article 40 que l'accusé peut se faire assister de plusieurs défenseurs. Il n'y a donc aucune bonne
raison pour que notre Code se soit montré moins libéral
que le code du droit intermédiaire (1). Nous ne dirons
pas cependant, comme beaucoup d'auteurs, que l'assistance
de plusieurs conseils est soumise à l'autorisation du président des assises. Aucun texte n'édicte semblable restriction. Le silence de la loi ne permet d'en inférer rien de précis, et le droit général du président sur la police de l'audience est insuffisant pour qu'il soit permis de lui reconnaître un tel pouvoir. Nous en concluons que le pourvoi,
basé sur le refus du président de permettre à l'accusé de
choisir plusieurs conseils, pourrait être cassé à raison par
la Cour suprême.

Que faut-il penser maintenant de la question inverse ?
Lorsqu'il y a plusieurs accusés, doit-on donner un conseil

(1) En ce sens, CARNOT 2.408, Pand. Fr. Cour d'Ass. 1106. NOUG.
1. P. 280.

spécial à chacun d'eux ? Il est tout d'abord incontestable
que nul ne peut enlever ce droit aux accusés qui veulent
en user, même dans le cas où ils ont les mêmes intérêts (1).
Mais nous pensons qu'il doit en être de même lorsque
c'est le président qui désigne le défenseur. Il n'y a pas
évidemment nullité, comme le décide avec raison la jurisprudence et un parti dans la doctrine, lorsque le président désigne un seul défenseur aux accusés qui ont les
mêmes intérêts, et que ces accusés ne protestent pas (2).
« Attendu, déclare la Cour de Cassation, que l'article 294
n'impose au juge, à peine de nullité, que l'obligation
d'attribuer un défenseur d'office à l'accusé qui n'en a
pas choisi, que cette obligation a été remplie ; qu'il n'*apparaît d'autre part d'aucune observation des accusés* en
Cour d'assises que la désignation d'un défenseur commun
leur ait paru à aucun moment préjudiciable à leur défense».
Il résulte de cet arrêt, confirmé du reste sur ce point par
l'avis des auteurs déjà nommés, que la solution doit être
différente, si chacun des accusés exprime le désir formel
d'être défendu par un défenseur spécial. Le cas du reste
serait rare dans la pratique, les présidents se montrant ordinairement larges et respectueux des droits de la défense.
Les Codes autrichien et allemand contiennent des dispositions semblables (3). Ce dernier est très formel, la défense

(1) Cass. 28 mai 1818. Bull. 224.
(2) Cass. 15 déc. 1892, n. C.C. n. 332. — 4 août 1894, n. 239. V.
note arrêt 92 précité, P. F. 1894.1.335. Noug. 252, 1, F. Hélie,
7.33-29.
(3) Art. 42, C. autr. et art. 146 C. allemand.

de plusieurs défenseurs pourra être présentée par un défenseur commun pourvu que l'intérêt de la défense ne s'y oppose pas. En cas de doute, la question est tranchée par le tribunal.

Le droit qu'a l'accusé de choisir un conseil n'est subordonné à aucun délai. La loi a écarté en cette matière toute forclusion et déchéance. Le principe qui domine ici, c'est que le choix doit appartenir à l'accusé. Le président ne doit intervenir que dans le cas où l'accusé n'a pas pourvu à sa défense. Il en résulte que la désignation faite par l'accusé, annule celle du président. Il faut toujours tenir compte de ces paroles de Dupin que « s'il est un choix qu'on ne peut refuser à un accusé, c'est assurément de choisir librement l'homme auquel il doit confier le secret de ses pensées, de ses erreurs et de son existence tout entière. » Peu importe que la désignation intervienne au moment même du débat. Ainsi un arrêt de Cassation du 21 août 1818 décide que, « lors même que le Conseil n'aurait été choisi qu'à l'audience et au moment de l'ouverture des débats, il doit remplacer le défenseur nommé par le président ». Cet arrêt a fait, selon nous, une application large et exacte du second alinéa de l'article 294 qui dispose que la désignation du président sera comme non avenue et la nullité ne sera pas prononcée si l'accusé choisit un conseil. Cet article ne fait que reproduire la disposition du Code de brumaire qui dispose dans son article 321 que la désignation devient nulle, si, avant l'ouverture des débats, l'accusé choisit lui-même un autre conseil.

## Paragraphe 2.

### *De l'assistance d'office.*

L'article 294 proclame en second lieu le principe de l'assistance d'office. A Athènes et à Rome, la pratique voulait que les accusés fussent défendus, mais aucune loi n'avait érigé cette coutume en principe législatif. Il a fallu à Rome l'intervention du droit prétorien pour que ce résultat fut obtenu. La loi 1 § 4 *de Postulando* peut être considérée comme la source de l'assistance d'office en matière pénale. Et la loi 1 § 19 *de pœnis* étendait les bienfaits de cette institution aux esclaves.

Dans l'ancien droit Louis le Débonnaire rend en 809, l'assistance obligatoire au profit des veuves, des mineurs et des pauvres.

Et pour passer à la période intermédiaire, nous lisons dans l'article 10 du décret du 8 octobre 1789, que, « dans le cas où l'accusé ne pourra pas avoir un conseil, le juge lui en nommera un d'office, à peine de nullité ». Le Code de 1808 pose le même principe. Il est facile de se rendre compte de l'utilité et de la raison d'être de cette règle. Nous avons dit au début que la liberté de la défense en entraîne l'égalité. Cette égalité doit être envisagée à deux points de vue. Egalité de la défense dans ses rapports avec l'accusation, et égalité de tous les accusés dans leurs moyens de défense. Le principe de l'assistance obligatoire faisant défaut, la défense ne serait qu'une illusion en ce qui concerne les indigents.

L'article 294 complété sur ce point par la loi du 22 janvier 1851 sur les bureaux d'assistance en matière criminelle et par l'article 41 de l'Ordonnance de 1822, obvie heureusement à cet inconvénient.

Le principe de l'assistance d'office n'existe, plein et entier, qu'en matière criminelle. Il fait complètement défaut en matière correctionnelle. Nous nous empressons de constater que, d'après une heureuse pratique, les prévenus indigents sont souvent défendus, mais il n'en est pas moins vrai que leur défense est purement facultative, n'étant consacrée par aucun texte. Cette différence est fondée, selon la doctrine, sur la nature même des délits soumis à l'une et à l'autre de ces juridictions. Ceux qui sont du ressort correctionnel sont bien loin d'avoir l'importance et la gravité des délits soumis à l'appréciation du jury. S'ensuit-il de là, que la défense doive toujours être facultive en matière correctionnelle ? Le législateur allemand ne l'a pas pensé. Sans assimiler complètement sur ce point les crimes et les délits, il admit au moins l'assimilation partielle en créant certains cas de défense obligatoire en matière correctionnelle.

Voici ce que nous lisons dans l'art. 140 du Code de procédure pénale d'Allemagne.

L'assistance d'un défenseur est obligatoire dans les cas suivants :

1) Lorsque l'inculpé est atteint de surdité ou de mutisme, ou lorsque il n'a pas encore accompli sa seizième année.

2) Lorsque l'infraction poursuivie est un crime et que l'inculpé ou son représentant légal réclame la nomination d'un défenseur.

Cet article cite donc des cas de défense obligatoire en matière correctionnelle. En France, il n'en est guère ainsi, et cette lacune nous paraît surtout regrettable en ce qui concerne les mineurs et les adolescents. La loi pénale ne devrait-elle pas imiter sur ce point la loi civile, et protéger de sa toute puissance ceux qui n'ont pas acquis la maturité de jugement nécessaire pour constituer une responsabilité ? L'Allemagne s'est montrée plus prévoyante. Nous lui rendons cette justice de n'avoir rien négligé dans l'intérêt des accusés. Son instruction a été réglementée en 1877 d'une manière bien plus libérale qu'en France et ses dispositions sur la défense après l'instruction sont empreintes de ce même esprit de libéralisme. Toute une section du Code allemand est consacrée aux droits de la défense proprement dite. Il n'y a dans le Code d'instruction de 1808 que l'art. 294. Il est résulté de ce laconisme, que la jurisprudence a comblé à sa guise, et dans un sens trop restrictif parfois, les lacunes qu'on peut reprocher au législateur.

Pour revenir sur le terrain criminel, nous constatons

un défaut d'harmonie dans le Code d'Instruction. La défense est obligatoire pour le récidiviste endurci, elle est absolument prohibée en ce qui concerne le délinquant primaire. L'article 468 porte qu'aucun conseil ne pourra se présenter pour défendre l'accusé contumax.

Si l'accusé est absent du territoire européen de la France ou s'il est dans l'impossibilité absolue de s'y rendre, ses parents ou ses amis pourront présenter son excuse et et en plaider la légitimité. Mais c'est la seule justification qui puisse être admise. Toute défense sur le fonds est repoussée. L'accusé contumax est donc traité plus rigoureusement que le récidiviste qui est beaucoup moins recommandable. Il est traité, en second lieu, moins bien que le prévenu défaillant qui peut proposer des exceptions préjudiciables par son avocat, sans comparaître lui-même en personne (1). C'est le renversement de ce principe de raison selon lequel la défense doit être plus libre et plus inviolable en matière de crimes qu'en matière de délits. Ce défaut d'harmonie n'existe pas dans la législation allemande.

Il est d'abord à remarquer que la défense du contumax n'y est pas prohibée, elle est simplement facultative. Sa situation est donc égale. au moins dans certains cas, à celle du récidiviste qui, à son tour, n'est pas traité aussi favorablement qu'un débutant. Nous faisons allusion à ces crimes, dont il a été précédemment ques-

_________

(1) Art. 185, C. ann. Sirey.

tion, et qui sont déférés à la juridiction correctionnelle. Nous avons vu que dans ce cas la défense est obligatoire en vertu de l'article 140 du Code allemand. Mais il n'en est pas ainsi, dispose cet article *in fine*, lorsque l'acte punissable est qualifié de crime parce qu'il a été commis avec récidive.

Examinons maintenant de plus près la disposition de l'article 294 du Code français.

Le président des assises doit nommer un défenseur à tout accusé qui n'en a pas.

L'article 296 assure l'accomplissement de cette formalité en exigeant un procès-verbal qui doit être signé par l'accusé, et l'article 41 de l'Ordonnance de 1822 sanctionne cette règle en disposant que l'avocat, nommé d'office pour la défense d'un accusé, ne peut refuser son ministère sans faire approuver ses motifs d'excuse et d'empêchement par la Cour d'assises. C'est donc une obligation pour l'avocat désigné d'office d'accepter le ministère qu'on lui confère, ou plutôt qu'on lui impose, car il ne peut refuser que pour des raisons indépendantes de sa volonté. Il n'en est pas de même lorsque le choix est fait par l'intéressé lui-même. Il ne peut y avoir tout au plus dans ce cas qu'un devoir moral ainsi que le décidait en 1825 la Cour de cassation. (C. 15 juillet 1825, S. 25, 1, 419). Les avocats ne sont que moralement tenus d'après cet arrêt de défendre les accusés. Au contraire, d'après l'article 43 du Code autrichien, l'avocat ne peut, en thèse générale, refuser son concours à l'accusé qui l'a choisi à moins qu'il n'ait à faire valoir des motifs d'excuse suffisants. Il y a donc dans ce pays assimilation complète entre l'avocat choisi et l'avocat d'office. Cette assimilation ne porte aucune atteinte à la dignité de l'ordre. L'avocat est maître de sa défense. Il peut la présenter selon ses principes et sa conscience, et s'il est libre en France de refuser son ministère dans le cas où il n'est pas désigné d'office, il ne doit pas, par un refus tardif porter atteinte aux intérêts de l'accusé. Il serait passible dans ce cas d'une peine disciplinaire et de dommages-intérêts (1).

(1) Il faut cependant que l'erreur du défenseur se dessine franchement. Un arrêt de Cassation du 3 juillet 1895 a appliqué ces principes en matière civile. Mais il y a lieu de les étendre *a fortiori* en matière criminelle où se débattent des intérêts d'une bien plus haute gravité. Attendu, dit cet arrêt, que la défense en justice est un droit dont l'exercice ne dégénère en faute pouvant donner lieu à des dommages et intérêts, que s'il constitue un acte de malice ou de mauvaise foi ou au moins une erreur équipollente au dol P. Fr. 96.1.464.

Il en est ainsi, c'est-à-dire que l'avocat ne doit pas abandonner l'audience même lorsqu'il ne s'agit pas de la défense d'office.

Nous reproduisons encore les motifs d'un arrêté du Conseil de l'ordre de Paris qui résume admirablement les principes dominant cette matière (*Le Droit*, 2 février 1850.)

Attendu qu'on a en vain prétendu que la détermination prise par un avocat d'abandonner la défense, lorsqu'il juge qu'elle n'est plus libre, échappait à tout examen; qu'en vain on a voulu soutenir que dans cette position l'avocat ne relevait que de sa conscience et ne devait compte qu'à Dieu de sa résolution, que la mission de l'avocat n'est pas terminée, que son devoir n'est pas complètement rempli lorsque l'accusé placé sous son patronage déclare qu'il ne veut pas être défendu, que l'avocat ne doit pas se retirer immédiatement devant ce refus, qu'il y a pour lui

Quels sont les caractères de la défense d'office ?

L'accusé est-il protégé malgré lui ?

Là législation, la doctrine et la jurisprudence intermédiaires étaient d'accord, pour considérer le principe de la défense obligatoire comme un principe d'ordre public qui garantissait l'accusé indépendamment de sa volonté et même contre elle (1).

Le législateur de 1808 n'a pas voulu, selon toute probabilité, s'engager dans une autre voie, c'est ce que pensent généralement les auteurs (2) en enseignant que l'accusé ne peut pas renoncer à cette suprême garantie. La Cour de cassation (3), à tort pensons-nous, n'est pas de cet avis. Les accusés ont besoin de protection, il ne faut aucunement tenir compte de leur renonciation, qui leur est souvent

l'obligation d'insister auprès de son client, de l'éclairer sur les suites de sa détermination, de chercher à calmer ses susceptibilités, à lui faire comprendre ce qu'il y a de faux et d'exagéré dans les raisons qui le déterminent, que si ses efforts sont infructueux sans doute, on ne peut l'assujettir à prendre la parole contre la volonté persistante de l'accusé, mais qu'il doit être présent aux débats, afin d'être prêt jusqu'au dernier moment à venir en aide à son client, si celui-ci, changeant de sentiment, réclame l'appui qu'il a d'abord repoussé.

Le Conseil
prononce la peine d'avertissement contre Jules Favre...

(1) 321 Code de Brumaire an IV. — LOCRÉ, T.24.P. 257. — Arrêt du 27 vendémiaire, an VIII. Cet arrêt déclare que la loi dispose *impérativement* qu'il soit nommé un défenseur d'office.

(2) F. HÉLIE, 7. 3327. — NOUG. 1. 281. *Rép.* P. Françaises. c. assises n⁰ 1113. V. aussi Code autrichien. Instr. cr. note 4, art. 40.

(3) C. 13 avril 1848. D. 48. 5. 95.

inspirée par le découragement et la faiblesse. Ils ne possèdent pas toujours une liberté d'esprit suffisante. Aussi y a-t-il lieu de les considérer comme des quasi-incapables et de les protéger contre leur gré. Peut-être pourrait-on se départir de cette règle lorsqu'il s'agit d'un accusé qui exerce lui-même la profession d'avocat. Mais il sera rare dans ce cas que l'avocat veuille se défendre seul. Il est en effet plus digne et plus profitable aux accusés que les charges qui pèsent sur eux soient examinées et discutées par un tiers. La défense acquiert ainsi plus d'indépendance et la justice plus de dignité.

Cette protection de la loi doit être envisagée dans les mesures de la raison et du possible. Le refus de l'accusé de se faire assister d'un défenseur ne doit porter aucune atteinte à la marche de la justice.

Nous venons de voir que le président doit nommer un défenseur à l'accusé malgré sa volonté. Peut-il donner la parole au défenseur lorsque l'accusé s'y oppose. Il serait déraisonnable que l'avocat présente une défense qui n'a pas pour elle l'adhésion de celui qui en est l'objet. L'avocat représente (1) son client, et lorsqu'il parle c'est son client qui est censé parler. Ce serait donc réserver ce principe que de permettre dans l'espèce la plaidoirie. La dé-

---

(1). Nous admettrions toutefois la controverse sur ce point. En pratique du moins la représentation n'est que nominale. Témoin e procès de l'assassin du président Carnot, dans lequel l'avocat plaida une thèse à laquelle Caserio ne semblait nullement vouloir se rallier.

fense doit se borner forcément à une surveillance de la procédure (1).

La nomination d'office est destinée à suppléer au principe du libre choix appartenant à l'accusé. Il en résulte qu'elle n'a plus sa raison d'être lorsque ce choix intervient (2). Mais tant que ce choix n'a pas eu lieu, la désignation d'office s'impose. Le président des assises agit par conséquent prudemment en nommant un défenseur à l'accusé, quand bien même celui-ci aurait déclaré qu'il se réserve d'en choisir un dans la suite. La défense fait défaut tant qu'il y a projet de choix. Il faut donc qu'on supplée par une désignation d'office à ce défaut de défense.

Il est d'autres cas où la désignation du président est annulée c'est lorsque la cassation de l'arrêt d'une Cour d'assises a été prononcé (3). La Cassation annule toute la procédure antérieure et l'arrêt précité considère avec raison comme nécessaire la désignation d'un nouveau défenseur. Mais s'il y a annulation de toute la procédure antérieure, la nullité ne devrait-elle pas frapper aussi l'interrogatoire ? Pourquoi alors cet arrêt déclare-t-il le contraire ? où base-t-il cette distinction qu'on peut à raison qualifier d'arbitraire ? L'interrogatoire ne constitue-t-il

(1) Cass. 2 sept. 1830. 2 juin 1831.
(2) Cass. 19 nov. 1818. *Rep.* DALLOZ. Déf. 50.
(3) TRÉBUTIEN. *Droit crim.* t. 2. n. 561, C 27 janv. 1848. S. 49. 1. 384.

pas, plus que la nomination d'un conseil, une forme de procédure ?

Dans le cas de cassation de l'arrêt de renvoi, la nullité de la désignation du président est par trop évidente.

A quel moment doit se produire la désignation d'office ? La réponse est contenue dans l'article 294. L'accusé doit avoir un défenseur dès qu'il a subi son interrogatoire. Il est cependant de jurisprudence que l'omission de cette formalité protectrice puisse être réparée dans un second interrogatoire. Mais le fait de la nomination dispense-t-il le président de toute autre obligation dans la suite ? La Cour de cassation est indécise, elle est plutôt portée à s'en tenir au fait de la nomination qu'à la défense réelle. Elle estime que si le président a nommé un défenseur à l'accusé lors de son interrogatoire, ou que si elle n'a pas eu à lui en nommer un, l'accusé ayant lui-même choisi son défenseur, elle estime, dis-je, dans ce cas, que le vœu de la loi est rempli et que le président n'est désormais astreint à aucune obligation. Ainsi un arrêt du 25 février 1843, S. 1817. 2. 323 porte que lorsque le conseil dont un accusé a fait choix refuse de le défendre aux débats, celui-ci ne peut pas se faire, dans la suite, un moyen valable de cassation de ce que le président ne lui en a pas nommé un autre. L'accusé a choisi dans l'espèce un conseil, il doit être responsable de son choix. Mais s'il en est ainsi, le président ne devrait également pas être responsable des éventualités de la désignation d'office ? Oui, sans nul doute ! Aussi estimons nous que l'assistance d'office, pour être valable, doit sortir à effet ; il faut bien l'admettre à moins de prêter un non sens à la disposition de l'article 294.

S'il en est donc ainsi de l'assistance, pourquoi en serait-il autrement du choix, et si l'empêchement du défenseur d'office doit annuler sa désignation, pourquoi l'empêchement du défenseur choisi ne produirait-il pas le même effet rétroactif? Faustin Hélie assimile dans ce sens libéral les deux hypothèses, et nous nous rallions sans hésitation à sa doctrine, qui respecte le principe de large interprétation, de rigueur dans les matières criminelles.

Quelle est la sphère d'application de l'article 294 en ce qui concerne l'assistance d'office? Il y a d'abord un cas de défense obligatoire en matière correctionnelle. L'article 11 de la loi du 27 mai 1885 veut que le prévenu relégable ait un défenseur (1). Mais en dehors de ce cas, la défense sera-t-elle obligatoire toutes les fois que la Cour d'assises sera compétente, ou bien seulement lorsque le fait incriminé sera qualifié de crime? Prendrions-nous pour critérium le crime, où la juridiction criminelle? La question se pose notamment en ce qui concerne les délits connexes (2), et ceux déférés à la Cour d'assi-

(1) C. 2 avril 1896. B. *Ibid.* 133.
(2) Art. 227. On appelle délits connexes les infractions qui sont soumises à certaines règles identiques à cause du lien légal qui existe entre elles. L'art. ci-dessus cite des cas de connexité. Donnons quelques exemples. Une dilligence est attaquée par plusieurs personnes, les unes en embuscade tiennent les voyageurs, les autres volent les effets qui sont dans la diligence. Un malfaiteur pour voler des objets qui se trouvent dans une maison incendie l'édifice. Viol commis à l'aide de coups et blessures.

ses par des lois spéciales comme les délits de presse. La
Cour de cassation a statué invariablement (1) que l'article
294 ne s'applique qu'au cas où le titre de l'accusation porte
sur un crime puni d'une peine afflictive et infamante, et
non à ceux où l'on n'est poursuivi que pour un simple délit.
La question est discutée en doctrine. M. Nouguier rattache
la controverse à ces deux principes en conflit. Le premier
de ces principes, c'est qu'il s'agit d'un délit et que l'assistance d'un conseil n'est pas obligatoire (art. 185). Le
second, c'est que dans les délits déférés, à la Cour d'assises du moins, dans les délits connexes, la procédure
suivie, c'est la procédure de grand criminel. Nous croyons
que le second principe doit fléchir devant le premier. La
question de procédure n'est qu'une question de forme qui
a moins d'importance que la nature du délit, question
essentiellement de fonds. M. Nouguier (2) observe avec
beaucoup de raison que le droit à un conseil est supérieur
à une question de procédure. Touchant à la défense, il a
son germe non dans la forme, mais dans le fonds, c'est
un droit viscéral et de substance.

Une tendance bien marquée à distinguer entre les délits connexes, et les délits de la connaissance du jury
en vertu des lois spéciales, s'accuse en doctrine. C'est
dans ce dernier cas seulement que la défense serait facultative. « La raison en est, qu'en cas de délits connexes,

(1) C. 10 déc. 1831. S. 32. 1. 36. — 6 déc. 1850. D. 51. 1. 258. —
12 juin. 1896. B. 1890. Délits de presse.
(2) NOUG. 1. p. 231.

toute la procédure criminelle est substituée à la procédure correctionnelle, tandis que dans l'autre cas, le principe de l'assistance facultative ne se trouve pas altéré ni même contrebalancé par l'influence d'une procédure qui ne leur est point rendue applicable. » Il ne nous semble pas qu'une question de procédure puisse avoir une influence quelconque sur une question toute de fonds. Nous pensons au contraire qu'il y a un argument *a fortiori* pour rendre l'assistance facultative en cas de délits connexes. Ces délits, en effet, s'ils sont déférés à une juridiction criminelle, c'est par un pur effet de hasard. Il n'en est pas de même des autres, dont la loi s'est chargée de régler la compétence. Le doute existe plutôt dans le cas de connexité, car on peut alléguer que la loi, en soumettant certains délits aux règles de forme des crimes, a voulu les soumettre implicitement à certaines règles de fonds.

La défense d'office est confiée entièrement au pouvoir discrétionnaire du président. L'accusé qui n'a pas choisi un conseil ne peut pas lui imposer sa volonté. Le président demeure libre de son choix, mais sa désignation est cantonnée dans le cercle des avocats et des avoués. L'article 144 du Code allemand contient une disposition analogue. Les personnes étrangères au barreau ne peuvent défendre les accusés qu'avec leur assentiment et celui du Président. Il s'ensuit que si le Président choisit une de ces personnes, le choix est valable, s'il n'y a aucune protestation de la part de l'accusé. M. Nouguier enseigne aussi, avec beaucoup de raison, que le président n'a pas le droit de choisir un stagiaire, car l'article 295, en parlant des avocats, entend désigner les avocats inscrits au tableau. Pour leur être assimilés, les avocats stagiaires doivent accomplir certaines conditions d'après les articles 34, 36 de l'Ordonnance de 1822. Il faut donc, comme dans le cas précédent, que l'accusé ne proteste pas au moins contre ce choix du président.

Le ministère des stagiaires offre du reste de nombreux inconvénients. Mittermaïer critique vivement et avec beaucoup de raison la pratique qui consiste à prendre les défenseurs d'office parmi les stagiaires. Il dit « qu'il n'est pas digne de faire acquérir à des gens inexpérimentés de l'expérience au détriment de l'accusé. Il ajoute que de tels défenseurs ne jouissent pas d'une indépendance suffisante à l'égard du juge et de l'État. » Le président ne doit avoir en vue, lorsqu'il désigne un défenseur, que l'intérêt de la défense et nous rappelons ici cette séance où l'avocat d'office, jeune stagiaire, faillit à son mandat à ce point que l'avocat général crut de son devoir de se lever après lui et d'esquisser à grands traits avec tout l'éclat et toute l'autorité de sa parole, une justification que la timidité avait en quelque sorte laissé s'évanouir (1).

### *Domaine de l'article 294. — Nullités.*

Nous poserons dès le début le principe qui, selon nous, résulte très clairement de la loi. Nous dirons que d'après

(1) Noug. 1. note 287.

l'esprit et les termes de l'article 294, un défenseur doit assister l'accusé dès que l'interrogatoire a été subi jusqu'au moment où le verdict est rendu, et nous appliquerons ce principe même pour cette partie d'audience qui suit le verdict et va jusqu'à l'application de la peine. La défense a encore ici sa raison d'être et son utilité, étant donné le pouvoir de la Cour de se mouvoir toujours entre un minimum et un maximum de peine. La défense entre en scène dès l'interrogatoire. C'est le moment précis où la loi rend obligatoire l'assistance d'un conseil.

La loi donc veut qu'il y ait un défenseur dès ce moment, et l'iuobservation de cette règle devrait entraîner incontestablement la nullité. Ce point a été contesté à tort, les termes de l'article 294 sont trop clairs pour qu'il puisse en résulter quelque doute. On n'a pas nié la nullité, mais on l'a fait dépendre d'une condition de préjudice qui n'existe nulle part. Selon nous, le préjudice existe par le seul défaut de défenseur, à condition évidemment que l'accusé veuille s'en prévaloir. L'article 299 donne à l'accusé le droit de se pourvoir dans quatre cas contre l'arrêt de la Chambre des mises en accusation. A défaut d'avocat, cet article peut rester lettre morte, et si ce même article ne cite pas le cas du défaut d'assistance parmi ceux sur lesquels le pourvoi peut être fondé, il ne faut nullement conclure que cette formalité demeure sans sanction. L'article 294 dispose formellement que le juge doit désigner un défenseur sur le champ (c'est-à-dire au moment de l'interrogatoire) à peine de nullité de tout ce qui suivra.

Peu importe le moment où la défense fera défaut, que ce soit avant ou après l'audience, la solution doit être la même.

L'article 302 qui d'après la jurisprudence rend facultative la communication de l'accusé avec son conseil, n'infirme en rien cette solution, car la difficulté ne peut exister tout au plus que sur le mode d'exercice de la défense, mais non point sur la défense même. La Cour de Cassation a fait une application spéciale du principe que nous venons de poser dans une espèce ou le défenseur devait déposer comme témoin. « Attendu disait un arrêt de cassation du 13 juillet 1849, que l'esprit et le texte de l'article 294 exige que l'accusé soit constamment assisté d'un conseil et ce, à peine de nullité. »

Il y a lieu d'argumenter par analogie quel que soit le moment où se produise l'absence du défenseur. La nullité, résultant du défaut de désignation, ne peut donc se couvrir par le choix de l'accusé, et ceci, non seulement si le choix intervient quelques instants avant les débats, comme le pense Trébutien (1), mais dans tous les cas et sans aucune distinction.

Cette solution pourtant n'est pas acceptée par la doctrine (2). Ces auteurs objectent que si les termes de l'article 294 peuvent faire croire un instant que la nullité est attachée au fait de la non-désignation, le vœu de la loi est d'annuler la procédure, dans le cas seulement où la dé-

(1) Dr. cr. 2. 432.
(2) Noug, 1. 284, Carnot 2, art. 297. Tréb. *op. cit.*

fense n'est pas assurée, car il serait déraisonnable de prononcer une nullité lorsque l'accusé n'a subi aucun préjudice (1).

Il est sans doute déraisonnable de prononcer une nullité, alors qu'aucun intérêt n'a été lésé, mais ne semble-
t-il pas que la loi ait considéré l'absence d'un défenseur
comme toujours préjudiciable aux intérêts de l'accusé ? et
s'il peut exister en fait quelques cas infiniment rares où
il n'y ait aucun préjudice, faut-il pour cela établir des dis-
tinctions ? La loi veut qu'il y ait défenseur dès le début,
c'est-à-dire dès l'interrogatoire. Nulle disposition ne pourrait être plus claire. Que cette disposition soit une règle
de fonds ou de forme, elle est assez substantielle pour
que la nullité soit attachée à son inobservation. Cette solution était unanimement admise sous le Code de brumaire
elle devrait l'être encore sous le régime du Code actuel,
et il est regrettable que la doctrine se soit engagée dans
une fausse voie. Carnot cependant, tout en admettant que
le silence de l'accusé couvre la nullité qui pourrait résulter
d'une réclamation tardive, ajoute, que, si l'accusé avait
protesté contre cette nomination par voie de demande en
renvoi à une prochaine session et que sa demande eut été
rejetée par le président, la nullité devait être prononcée. Cette restriction n'est aucunement admise par la
majorité des auteurs, ni par la jurisprudence ; nous reconnaissons cependant qu'elle concilie tous les intérêts en

(1) En ce sens Cass. 21 août 1818. Devill. R. T. 5. — 21 nov.
1850. D. 50. 5. 124. — 5 janv. 1881. B. 1.—13 mai 1886. B. 171.

cause, car elle respecte les intérêts de la défense et ne porte aucune atteinte à la stabilité que doit avoir toute procédure (1).

Pour éviter ces difficultés, le Président des assises agirait prudemment en nommant un défenseur à l'accusé, quand bien même celui-ci aurait déclaré qu'il se réserve d'en choisir un dans la suite. La défense fait défaut tant qu'il y a projet de choix.

Y-a-t-il nullité lorsqu'il y a changement de défenseur ? Il est certain que l'accusé peut avoir un intérêt incontestable à être défendu par la même personne. Tous les actes de la procédure s'enchaînent étroitement et ce serait les scinder, que d'en confier la surveillance à des personnes différentes. On aurait tort toutefois d'en conclure que tout changement de ce genre entraîne la nullité. Ce serait semer à profusion des nullités et rendre la procédure fragile et instable au détriment de l'intérêt général.

Nous n'admettrions par conséquent la nullité que dans le cas où le changement de défenseur résulterait d'un fait arbitraire de la justice, lorsque, par exemple, le défenseur se trouvant dans l'impossibilité temporaire de plaider, le président refuse le renvoi à une prochaine session. La défense, dit Faustin Hélie, ne doit jamais manquer par le fait du président ou de la Cour d'assises. Mais si cette impossibilité de plaider est perpétuelle ou si elle ne provient ni du ministère public, ni du président, il serait par trop té-

(1) Carnot. 2. 407. 5.

méraire de penser que la nullité peut en être la conséquence ; ce serait rendre en effet la procédure annulable
au gré des défenseurs. Aussi la jurisprudence s'est-elle
engagée fermement dans cette voie.

Pour nous résumer, nous dirons que le défenseur peut
être remplacé toutes les fois que l'accusé ne s'y oppose
pas. La substitution même d'un autre défenseur au défenseur primitif doit être présumée le fait de son choix. Il
n'est pas nécessaire que le procès-verbal contienne le motif de sa substitution (1). Le Code allemand s'écarte sur ce
point de la législation française en ce qui concerne le défenseur d'office. L'avocat-avoué (Rechstsanvalt), choisi
comme défenseur, pourra, du consentement de l'inculpé,
confier la défense à un jurisconsulte remplissant certaines
conditions (art. 139), tandis que l'avocat d'office n'est pas
admis à se faire suppléer.

(1) C. 3 déc. 1829. S. 3ⁿ. 1 . 154.

# CHAPITRE TROISIÈME



DES PERSONNES POUVANT SERVIR DE CONSEIL A L'ACCUSÉ.

Qui peut servir de conseil à l'accusé ? L'article 295 qui répond à cette question est ainsi conçu : « Le Conseil de l'accusé ne pourra être choisi par lui, ou désigné par le juge, que parmi les avocats ou avoués de la Cour Royale ou de son ressort, à moins que l'accusé n'obtienne du président de la Cour d'assises la permission de prendre pour conseil un de ses parents ou amis. »

Il semble, au premier abord, que la défense ne soit pas libre, si le droit de l'accusé de choisir un défenseur subit des entraves. Entraver l'exercice de la défense, c'est porter atteinte au droit de la défense elle-même. Si l'on réfléchit toutefois, on se rend compte qu'une institution n'est souvent libre qu'à la condition d'obéir à certaines règles, qui, loin d'être un obstacle à son exercice, en assurent au contraire l'exécution. L'examen comparé du droit intermédiaire et de la législation mise en vigueur en 1808 en est une preuve.

Sous l'empire des lois du 11 septembre 1790 et du 3 brumaire an 2 portant suppression de l'ordre des avocats, les accusés ne subissaient aucune restriction

dans le choix qu'ils pouvaient faire de leurs défenseurs.
De grands abus en résultèrent. Des gens sans aveu occu-
pèrent la barre de la défense au détriment du respect dû
à la justice et des intérêts même de l'accusé. On apprécie
nos affirmations à notre valeur, et de semblables défenseurs avaient peu de chance d'obtenir la confiance du
jury.

Les travaux préparatoires et les arrêts de la Cour de
Cassation montrent péremptoirement quelles furent les
conséquences d'un pareil système.

« Attendu, dit un arrêt du 16 vendémiaire an 9, que le
tribunal criminel a dû refuser d'admettre comme défenseur un individu condamné à quatre ans de fers et consé-
quemment privé des droits de citoyen français. »

Nouslisons également dans les travaux préparatoires (1).
« On se tromperait bien en regardant cette mesure comme
attentatoire au droit sacré de la défense. Elle est entièrement dans son intérêt, et elle a pour objet de la mettre à
l'abri de la cupidité et souvent de l'ignorance de ces
hommes qui, étrangers à son ressort, colportent quelquefois d'un département à l'autre des services prétendus et
mercenaires. »

L'article 295 a donc restreint le choix illimité auquel
avait droit l'accusé sous la période intermédiaire. D'après
cet article, il n'y a que les avocats et les avoués de la Cour
d'appel qui peuvent défendre un accusé, nonobstant, bien

(1) LOCRÉ. T. 25, p. 601.

entendu, la disposition finale de cet article, relative aux parents et amis. Ce principe est, disons-nous, arbitraire. Il établit entre les avocats de la France une sorte de compétence terroriale qui n'a aucunement sa raison d'être.

Les législateurs de la suite ont ressenti l'inconvénient de ces restrictions. Le décret du 24 déc. 1810 porte la première atteinte à l'article 295. L'accusé n'est plus gêné dans son choix. Tout avocat peut lui servir de conseil. Mais l'approbation du ministre de la justice est nécessaire, si le choix porte sur un avocat étranger au ressort de la Cour royale. Le but de ce décret fut des plus louables. Il ne fit que modifier, en effet, dans un sens libéral la disposition de l'article 295. Peut-être faut-il lui reprocher de ne s'être pas engagé assez hardiment dans la voie du progrès qu'il s'était tracé, et d'avoir imposé, comme à regret, une concession qu'il venait de faire, On peut lui reprocher en second lieu d'avoir restreint l'article 295, en ce sens que les avocats près les tribunaux de première instance, ne pouvaient plus être appelés hors du tribunal de leur arrondissement, tandis que sous le Code, tous les avocats au ressort de la Cour royale étaient soumis aux mêmes principes (1).

Lever donc ce vestige d'entraves, semblait s'imposer au législateur de l'avenir. Il n'en fut rien. Une ordonnance du 20 novembre 1822 s'occupa de nouveau de cette question. Les entraves précédentes ne lui parurent pas

(1) Cass. 3 oct. 1822. S. 22.1.394.

sans doute suffisantes, et elle se fit un devoir d'en ajouter de nouvelles. Cette ordonnance que Dupin qualifiait avec raison d'injuste, d'injurieuse et d'impolitique n'était animée que d'un esprit de méfiance contre les avocats. Cet esprit s'accusait déjà en 1821 dans une circulaire du 25 avril (1), mais notre ordonnance en fut une manifestation plus éclatante encore. Voici ce que nous trouvons dans son article 39.

« Les avocats inscrits aux tableaux de nos Cours royales pourront seuls plaider devant elles. Ils ne pourront plaider hors du ressort de celles dans lesquelles ils exercent, qu'après avoir obtenu, sur l'avis du conseil de discipline, l'agrément du premier président de cette Cour et l'agrément de notre garde des sceaux. »

Impossibilité donc pour les avocats des sièges inférieurs de plaider en dehors de leur ressort. Nécessité pour ceux de la Cour d'appel d'obtenir dans ce cas trois avis, l'avis du premier président, celui du ministre de la justice, et celui enfin du conseil de discipline. Il est difficile de saisir le motif de cet excès de précautions. Nous n'insisterons pas davantage sur les dispositions de l'Ordonnance de 1822 qui n'offre qu'un intérêt historique ayant été abrogée dans ses articles 39 et 40 par l'Ordonnance de 1830.

L'article 27 de cette dernière ordonnance est ainsi conçu.

(1) L'autorisation ne sera accordée que sur l'attestation que l'avocat n'a été puni d'aucune peine disciplinaire et après des renseignements pris sur ses opinions.

« Tout avocat inscrit au tableau pourra plaider devant toutes les Cours royales et tous les tribunaux du royaume sans avoir besoin d'aucune autorisation, sauf les dispositions de l'article 295. »

Ce texte est d'une ambiguïté remarquable.

Il commence par introduire une innovation, puis il finit par se référer à l'état de choses existant en 1808. Il faut tâcher cependant de donner une signification à ce texte, au risque de prêter un non sens au législateur. L'interprétation littérale de l'article 27 nous conduirait à une utopie, car il est impossible de combiner deux dispositions absolument contradictoires, tels que celles des articles 27 de l'Ordonnance et 295 du Code d'instruction. Que signifie en effet l'innovation si c'est l'article 295 qu'il faille appliquer lorsque c'est l'accusé qui choisit son conseil ou lorsque ce dernier est nommé d'office ? Il semble bien qu'il n'y ait pas d'autres cas de défense.

Aucun des auteurs ne résout sérieusement la question. Ils prennent tous parti pour la controverse sans motiver toutefois la solution qu'ils croient devoir adopter. M. Nouguier fait abstraction de la dernière phrase de l'article 27. Il se rattache purement et simplement au premier principe posé par ce texte, qui lui paraît découler, dit-il, de l'étendue, si libérale et si légitime à la fois, attribuée en 1830 à ce mandat public qui personnifie l'avocat. Il est incontestable qu'au point de vue de la raison pure cette solution est la meilleure. Nous regrettons cependant que cet auteur n'ait pas voulu sortir un instant du cadre de son programme pour mettre sa solution en conformité avec les textes.

Faustin Hélie, toujours sans nous dire pourquoi, se rattache également et uniquement à la dernière disposition de l'article 27, et reconnaît ainsi implicitement que le législateur de 1830 n'a pas su ce qu'il faisait. M. Garraud se rallie à la même idée, mais lui, du moins, parce qu'il estime que la dispense d'autorisation ne s'étend pas à la plaidoirie en Cour d'assises. Voici ce que nous proposons pour la conciliation de ces deux textes.

L'article 27 n'a entendu innover que sur le point de l'autorisation. Il n'a voulu réformer que ces mots de l'article 295 — parmi les avocats ou avoués de la Cour royale ou de son ressort. — Désormais aucune autorisation n'est nécessaire en vertu de l'article 27, mais l'article 295 subsiste en ce sens que le principe du choix restreint contenu dans ce dernier article et qui n'existait pas sous l'empire des lois intermédiaires (1), reste toujours en vigueur. L'article 27 aurait pu sans nul doute se dispenser de nous le dire, mais cette répétition n'est qu'un pléonasme de pure forme qu'on aurait tort de trop reprocher au législateur.

Cette question du reste n'a pas beaucoup d'intérêt pratique, et en fait, on se borne à accorder toute latitude aux accusés, sous la seule condition d'obtenir l'autorisation présidentielle qui n'est jamais refusée, et dont aucune bonne raison ne pourrait légitimer le refus.

_________

(1) 11 sept. 1790. Brum. an IV.

Les annales judiciaires attestent en effet le respect des présidents pour le droit de la défense. Nous voyons des avocats plaider non seulement hors de leur ressort mais encore en pays étranger. Ainsi Chaix d'Est-Ange se rend en Belgique pour plaider une affaire de duel devant la Cour d'assises du Brabant méridional.

En ce qui concerne les avoués (1) deux principes divergents sont à concilier. Le premier, tiré de l'article 295, établit une assimilation complète entre les avocats et les avoués. Le second, puisé dans des lois organiques, se réfère à cette idée, que par la loi de leur institution, les avoués sont des officiers ministériels qui n'ont de caractère que devant les tribunaux auxquels ils sont attachés par l'acte de leur nomination. En présence de ce conflit entre le principe tiré de l'article 295 et celui posé par les lois organiques, c'était le premier qui devait sans doute l'emporter. Aussi était-ce sans difficulté qu'on assimilait sous le Code, ces deux catégories de personnes. Sous les décrets et ordonnances postérieurs la question a été souvent débattue devant la Cour suprême. La Cour de cassation s'est prononcée dans tous les sens. Elle a été jusqu'à décider dans un arrêt du 20 février 1824 qu'un avoué n'a pas le droit de plaider, même s'il est attaché au tribunal, siège de la Cour d'assises (2). Quel que soit le parti qu'on

(1) Les avoués furent institués par la loi du 27 ventôse, an VIII
(2) Il s'agissait d'un avoué du tribunal de Moulin, siège de la Cour d'assises de l'Allier, qui voulait plaider devant cette Cour d'assises·

prenne sur la question, on ne peut pas s'empêcher de désapprouver la doctrine de la Cour suprême. Les ordonnances des 27 février et 20 novembre 1822 qui enlèvent aux avoués non licenciés le droit de se livrer à la plaidoirie, laissent intacte la question criminelle. Or, aucun argument ne peut être tiré des lois organiques en faveur de cette jurisprudence. Il en est de même des décrets et ordonnances ayant réglementé l'exercice de la défense après l'article 295. Si on les étend aux avoués, on doit dire forcément que les avoués, autorisés par qui de droit, peuvent plaider devant tous les tribunaux du royaume. Dans le cas contraire on doit revenir forcément à l'article 295 d'après lequel les avoués de la Cour royale ont le droit de plaider devant tous les tribunaux du ressort de cette Cour. La jurisprudence se rattachant uniquement aux lois organiques concernant les avoués, statua dans d'autres arrêts qu'un avoué ne peut être admis à défendre un prévenu devant un tribunal autre que celui près lequel il exerce ses fonctions. Mais en considérant comme un privilège de l'office ce qui n'était qu'un privilège de la défense, la jurisprudence, remarque un auteur(2), semble s'être méprise. Qu'importe que l'avocat soit attaché à tel ou tel tribunal !

Un autre arrêt du 23 juin 1827 (3) est conçu dans un sens beaucoup plus libéral. « Attendu, dit-il, que la

(1) C. 7 mars 1828. S. 28.1.264.
(2) E. HÉLIE, 7. 3331.
(3) Recueil Devilleneuse. *Ibid*.

faculté, que l'article 295 accorde aux accusés, n'a été modifiée ni détruite par aucune disposition expresse des lois et règlements postérieurs, que l'ordonnance de 1822 est insuffisante pour autoriser à priver les accusés du droit de choisir leurs défenseurs parmi les avoués du ressort, que tout ce qui intéresse la défense doit être soigneusement maintenu. Cet arrêt revient donc purement et simplement à l'article 295.

La doctrine (1) est toujours portée à accorder toute latitude à l'accusé, dans l'exercice de son choix.

L'article 295 dispose *in fine* que l'accusé peut obtenir du président des assises la permission de prendre pour conseil un de ses parents ou amis. Cette règle est un vestige de la règle intermédiaire qui ne posait aucune limite au choix de l'accusé. Nous savons que l'ordre des avocats fut rétabli au début de ce siècle, et que la conséquence forcée de ce rétablissement fut que les défenseurs officieux durent être pris au sein de cet ordre. On ne peut pas nier toutefois, que laisser une certaine latitude à l'accusé, c'est mieux servir ses intérêts. C'est cette raison qui inspira au législateur la disposition finale de l'article 295. On discuta beaucoup lors des travaux préparatoires, s'il fallait soumettre la faculté laissée ainsi à l'accusé au contrôle du président. Malgré les observations de M. Berlier se ramenant à cette idée, « que tous ces individus (parents et amis) seraient éliminés, et que ce serait apporter une vraie res-

____

(1) NOUGUIER, 1.243. FAUSTIN HÉLIE, 7.392. DALLOZ, Répertoire Déf. n° 36. P. FRANC. Répertoire, C. ass. 1110.

friction au droit naturel de la défense que de subordonuer son choix à l'agrément ou à l'approbation des cours, » l'art. 295 a été adopté.

La doctrine s'accorde pour reconnaître que l'autorisation présidentielle est exigée dans l'intérêt de l'accusé, et que le président doit toujours s'inspirer de cet intérêt.

La femme a-t-elle le droit en France de défendre un prévenu ? Tous les textes relatifs à la défense des accusés, soit dans le Code d'instruction, soit dans les ordonnances et décrets postérieurs, n'excluent nullement la femme. Ils ne font aucune distinction et on ne serait pas autorisé par conséquent à lui contester l'accès du barreau. Mais le législateur, pourrait-on objecter, a jugé inutile de refuser formellement aux femmes un droit qu'elles n'ont pas d'après une tradition séculaire. Aussi la question ne se pose-t-elle nullement dans la pratique, et le président leur refuserait très probablement l'autorisation qui leur serait nécessaire pour défendre un prévenu, à titre de parent ou d'ami. Que faut-il penser de cette pratique ? N'a-t-elle pas trop vieilli et ne repose-t-elle pas sur des préjugés ?

N'est-il pas temps de franchir ce Rubicon qui effraye tant d'esprits depuis tant de siècles et que 23 États du nouveau monde ont néanmoins franchi ? Car la femme peut aujourd'hui plaider dans 23 États de l'Amérique. Une loi fédérale lui donne même ce droit devant la Cour suprême

(1) LOCRÉ, T. 25.450.

de la grande Fédération. Il suffit pour cela qu'elle ait appartenu 3 ans au barreau d'une Cour ou d'un tribunal quelconques. Les lois romaines excluaient les femmes du barreau « *ne contra pudicitiam sexui congruentem alienis causis se immisceant ne virilibus officiis fungantur muliens* ». Ces idées ne sont plus de notre temps !

Quelle serait en effet la raison de distinguer ?

Serait-ce cette égalité que l'humanité nous commande, qui fait naître les révolutions et que nous recueillons d'elles ensuite comme un précieux héritage ? Serait-ce cet argument devenu banal à force d'être répété, l'incapacité naturelle de la femme ? Mais cette incapacité comment la met-on en évidence ? Nous ne disposons d'aucun moyen, que je sache, pour mesurer nos facultés. D'ailleurs, si cette infériorité existe réellement, il serait illogique et injuste de l'aggraver. Il serait inique, comme le remarque savamment Herbert Spencer, « de refuser à la faculté inférieure une sphère d'action égale à celle de la faculté supérieure. Cela équivaudrait à superposer une infirmité artificielle à une infirmité naturelle (1). » Ces appréhensions sont du reste vaines. La femme a autant de qualités que l'homme pour prêter un concours utile à l'accusé. Elle a, pour cette difficile tâche, toutes les qualités voulues d'esprit et de cœur, le talent, le zèle, elle a surtout la sensibilité, ce don merveilleux d'émouvoir la justice ; et tout le monde sait ce que vaut en Cour

_______

(1) HERBERT SPENCER, Justice, p. 185.

d'assises une touchante plaidoirie! Quelques-uns verront
ici un inconvénient. Les femmes, nous dira-t-on, sauront
impressionner la justice et lui arracher des décisions empreintes d'une clémence imméritée. Ce n'est pas notre sentiment. La clémence, si excessive soit-elle, à moins qu'elle
ne devienne scandaleuse, ce que je ne veux pas imputer à
des juges raisonnables, n'est jamais un inconvénient et la
société n'a pas à en souffrir. Je pense avec Cicéron et
Dupin que la défense a le droit de l'invoquer le plus largement possible. On objectera encore que les avocats sont
appelés dans certains cas à remplir les fonctions judiciaires. Or les femmes ne doivent pas être juges.

Nous n'avons pas à examiner ce dernier point bien que
d'après ce qui a été déjà établi aucune distinction ne
soit à faire. Mais dût-on en faire une ici, l'objection
ne serait pas encore sérieuse. Elle serait insuffisante à elle
seule à repousser l'innovation. Il est illogique de faire
crouler un édifice sous prétexte d'un léger vice de cons-
truction, de même qu'il est absurde d'écarter un principe
pour parer à des inconvénients qui se présentent dans
quelques-unes de ses applications multiples. Si cependant
on pense que la justice sera mal servie par le beau sexe,
s'il répugne à certains esprits méfiants et chagrins de confier à sa sensibilité cette tâche austère, on n'a qu'à tempérer l'innovation par une restriction, d'après laquelle
l'insuffisance des juges serait suppléée par des avocats
pris dans le sexe laid.

Reste le ridicule que le mouvement antiféministe

entretient soigneusement autour de la question. Nous espérons que le temps, qui est un grand maître et qui règle bien des choses, le fera vite disparaître. Cette digression, qu'on nous pardonnera, nous fera peut-être taxer d'homme à paradoxe ! Mais ceux qui nous feront ce reproche sont-ils sûrs de ne pas obéir à des préjugés ?

# CHAPITRE QUATRIÈME



DE LA COMMUNICATION DE L'ACCUSÉ AVEC SON CONSEIL, ET DE LA
TRANSMISSION DE LA PROCÉDURE.


L'assistance d'un défenseur, pour être efficace, doit réunir
deux conditions. Il faut que le défenseur puisse communiquer librement avec son client, il faut qu'il ait le droit,
en second lieu, d'examiner l'information.

Quelles sont les dispositions du Code d'instruction en
cette matière ?

En ce qui concerne la communication avec le conseil,
deux principes certains nous semblent résulter de l'économie générale de notre législation.

A aucun moment de la procédure le droit de conférer
avec les détenus n'est refusé aux avocats. Aucun texte
n'interdit absolument cette communication. Le juge d'instruction, omnipotent jusqu'au moment où la Chambre des
accusations se trouve saisie, peut, à son gré, autoriser ou
retarder cette communication. Cette faculté de communiquer existe même de plein droit depuis la loi du 14 juillet

1865, à moins de refus exprès de ce magistrat. Le dernier alinéa de l'art. 613 dispose en effet « que lorsque le juge d'instruction croira devoir prescrire à l'égard d'un inculpé, une interdiction de communiquer, il ne pourra le faire que par une ordonnance qui sera transcrite sur le registre de la prison. Cette interdiction ne pourra s'étendre au-delà de dix jours. Elle pourra être renouvelée. Il en sera rendu compte au procureur général.» Cet article s'applique incontestablement aux avocats (1). La faculté de communiquer devient un droit, après que là mise en accusation a été prononcée et après que l'accusé a été interrogé. Ce principe n'est plus controversé, et si naguère des arrêts (2) l'ont méconnu, il faut les considérer comme des monuments de passion politique (3). Le droit intermédiaire se prononçait dans les lois de 1789 (4), et dans le Code de brumaire an IV, en ce sens que la communication ne pouvait pas dépendre du fait du juge.

L'art. 302 du Code d'Instruction, portant que l'accusé

(1) *France Judiciaire*, 7 année partie 1, p. 614.

(2) C. 21 août 1818. S. 1819, 1, 110. — 12 juillet 1810. S. 1817, 2, 313. — 3 octobre, 1822. S. 1822, 1, 394.

(3) Cubain. *Traité de la procédure devant la Cour d'assises*, p. 171.

(4) L'accusé décrété de prise de corps pour quelque cause que ce soit aura le droit de choisir un ou plusieurs conseils avec lesquels il pourra conférer librement en tout état de cause, et l'entrée en prison sera toujours permise aux dits conseils.

Art 10 de la loi du 8 et 9 octobre 1789.

Les conseils de l'accusé ne pourront communiquer avec lui qu'après l'interrogation. Art. 322. Code de Brum., an IV.

pourra communiquer avec son conseil après l'interrogatoire, rend la disposition facultative pour l'avocat et non
pour le juge. L'article 294 vient à l'appui de cette solution, car s'il donne un défenseur à l'accusé, c'est qu'il entend que la défense se produise efficacement avec toutes ses
prérogatives, et il n'y a pas de défense sérieuse sans communication. Communication donc facultative dès le début
de l'action publique, et communication obligatoire après
l'interrogatoire, voilà deux principes positifs de notre législation.

La communication doit bien évidemment être libre.
Soumise à des entraves, elle devient illusoire et porte atteinte au principe du secret professionnel, principe incontestable et incontesté en doctrine et en jurisprudence.

La jurisprudence a décidé dans les arrêts précités soit
que le président peut interdire toute communication, soit
que celle-ci ne doit se faire qu'en présence d'un geôlier.
Le défenseur avait refusé de plaider dans l'espèce, ayant
prétendu que la présence d'un tiers l'avait empêché d'obtenir les explications nécessaires. Le pourvoi de l'accusé,
pour violation de l'article 302 fut rejeté. La doctrine s'est
levée avec raison contre cette jurisprudence et nous y joi-
gnons volontiers notre sentiment de protestation, car
elle a violé dans ses décisions, avec les droits de la défense
ceux de la morale et de l'humanité. Voici ce que dit à ce
sujet M. Carnot. « Le défenseur est un véritable confes-
seur, il a le même secret à garder, l'accusé doit lui faire
toutes les communications nécessaires pour être bien dé-

fendu. Un tiers peut être un témoin dangereux. Il y aurait une sorte de barbarie à gêner la défense en interposant un espion entre l'accusé et son conseil.

Du reste quelle serait la raison d'être de cette intervention d'un tiers ? Admettra-t-on le témoignage des geôliers et des gardiens auxquels seraient ainsi révélées les confidences de l'accusé ? Fatalement oui, car il serait par trop naïf de supposer que cette mesure n'aurait pour but que de prévenir une évasion, ou un suicide dont l'avocat se serait rendu le complice ! Si ce n'est donc que pour obtenir son témoignage à charge qu'on ordonne cette mesure, n'y a-t-il pas là un acte essentiellement immoral, et ne peut-on pas le qualifier d'espionnage, sans être taxé d'exagération ? Entraver ainsi la communication, c'est la nier entièrement, et c'est nier par contre-coup la défense tout entière. On a tiré argument contre la liberté de communiquer du pouvoir discrétionnaire du président. On a dit que le président trouve dans le pouvoir la faculté d'ordonner telles mesures qu'il juge à propos. Ainsi il a été jugé « que défense peut être faite à l'accusé de communiquer avec son conseil, dans l'intervalle d'une séance de la Cour d'assises à une autre séance » (1). Cette jurisprudence oublie sans doute que le pouvoir discrétionnaire du juge ne peut effacer un droit substantiel ou une disposition formelle de la loi. Mais en admettant même que l'article 302 n'est pas

______

(1) Cass. 5 mars 1812. — DEVILLENEUVE. *Recueil des lois.* *idem.* Tome 4.

prescrit à peine de nullité, la nullité ne devrait-elle pas ressortir, comme le remarque Faustin Hélie, de ce qu'il s'agit d'un droit primordial, tel que le droit de communiquer, qui n'est que le corollaire indispensable du droit de la défense ?

Nous n'insisterons pas davantage sur la certitude du principe de l'article 302 que la jurisprudence a consacré depuis quelque temps. Un arrêt du 23 décembre 1875, résume admirablement les principes dominant cette matière (1).

Attendu, déclare cet arrêt, que la méconnaissance de ce droit de communication ou les entraves apportées à cette communication doivent être sévèrement prohibées, qu'elles permettraient à l'accusé de se plaindre au président avant les débats ou de protester à l'audience et même de demander le renvoi de l'affaire à une autre session.... »

Nous passons à la communication des pièces.

Le principe à poser ici résulte de la combinaison des articles 217 et 302. L'utilité pour l'accusé de connaître l'accusation est de toute évidence. La loi a pourvu à cette nécessité élémentaire dans les articles 242, 296, 302 ; et l'article 271, qui prescrit au ministère public de se cantonner dans ses réquisitions, dans la sphère tracée par l'acte d'accusation, n'a pas d'autre but. Nous avons dit, en ce qui concerne la communication de l'accusé avec son conseil, qu'elle devient obligatoire après l'interrogatoire, et que le président qui méconnait cette règle commet un excès de pouvoir. En ce qui concerne la communication des pièces,

(1) S. 1876, 1. 144.

le moment où elle est rendue obligatoire se trouve
avancé par l'article 217.

Cet article accorde au prévenu et à la partie civile la
faculté de produire des mémoires, au moment où la
Chambre des accusations se trouve saisie.

La faculté de produire des mémoires suppose bien évidemment la connaissance de l'accusation, et la communication du dossier est à ce moment le seul moyen d'arri-
ver à ce résultat.

Objectera-t-on que l'instruction est essentiellement
secrète en France et que ce serait ne tenir aucun compte
de ce vestige du passé que de décider le contraire ? Ce
serait, à notre sens, argumenter d'une question déjà con-
troversée et douteuse, car le secret de l'instruction est
loin de constituer un principe positif de notre législation.
Mais, en admettant même que cette règle fut érigée en
principe par une pratique séculaire, nous croyons que ce
ne serait qu'à tort qu'on ferait intervenir ici le secret de
l'instruction. On parle en effet du secret de l'instruction
à un moment de la procédure où l'instruction est close.
Les articles 228, 301, et 303 viennent à l'appui de cette
considération car ils permettent soit aux juges de la Chambre des accusations, soit au président des assises (1), d'ordonner un supplément d'information.

Quant à l'article 301 qui dispose que « nonobstant la
demande en nullité, l'instruction est continuée jusqu'aux

______

(1) C. 20 janvier 1820. DALL. *Répert.* Instr. 1051. — C.
24 août, 1834. *Bull.* 433.

débats exclusivement, il se réfère à un tout autre ordre d'idées ». Il veut dire simplement que le pourvoi contre l'arrêt de renvoi n'est pas suspensif.

On a argumenté en second lieu *a contrario* contre l'opinion que nous défendons, des articles 302 et 305 qui fixent le moment de la communication des pièces. Nous ne méconnaissons pas la portée de l'argument, nous estimons seulement que l'article 217 a dérogé aux article 302 et 305.

Nous aurions considéré la communication des pièces comme facultative pendant toute la période précédant l'interrogatoire et notre solution aurait concordé parfaitement avec la précédente si nous n'avions pas eu à nous occuper de l'article 217. Or, cet article, en donnant à l'accusé la faculté de produire des mémoires, suppose que l'accusé connait l'accusation. Car il serait déraisonnable que l'accusé pût prendre pour base de ses mémoires une accusation que la rumeur publique a portée à sa connaissance. Quelle valeur auront des observations suggérées par des charges incertaines, et non légalement constantes, et quelle serait alors l'utilité d'un pareil bénéfice? La doctrine est divisée sur ce point; quant à la jurisprudence (1), toujours fidèle à ses tendances de trancher contre le prévenu les conflits qui se produisent entre celui-ci et la justice, elle a statué invariablement que la communica-

_______

(1) Cass., 10 décembre 1847, D., 48, 1, 20. On consultera avec fruit les conclusions du procureur général Dupin, accompagnant cet arrêt.

tion de l'instruction est de droit en faveur de l'accusé
après l'arrêt de renvoi, mais qu'auparavant il dépend du
juge de l'accorder ou de la refuser. Un arrêt de la Cour
d'Aix (1) s'est prononcé dans le même sens et a décidé
que la partie civile ne pouvait pas demander par une re-
quête l'expédition de l'information, car la loi a rendu se-
crètes les instructions criminelles. Cet arrêt assimile avec
raison la partie civile à l'accusé. Cette solution s'imposait, étant données les restrictions apportées précédemment
à la défense, sur le point qui nous concerne. Il y a même
une raison spéciale pour se montrer plus restrictif à l'égard
de la partie civile. C'est qu'une telle demande empiète sur
l'action publique, dont la direction est essentiellement
confiée au ministère public, et met ainsi l'accusé à la discrétion des attaques privées.

(1) 21 juillet 1832. DALL. *Répert*. Instr. n· 1041. — CARNOT, 2.
440.

# QUATRIÈME PARTIE

## DE LA DÉFENSE A L'AUDIENCE.

### CONSIDÉRATIONS GÉNÉRALES.

Présenté à la Cour d'assises, l'accusé va trouver une organisation et des garanties nouvelles.

L'oralité, la publicité, le jugement par jurés, une grande latitude enfin de récusation et de défense assurent à l'accusé sa liberté morale, tandis que l'article 310 lui assure sa liberté physique. Ce texte dispose en effet que l'accusé comparaîtra libre et seulement accompagné de ses gardes. On eût dit que la loi n'eût craint qu'une entrave à la liberté physique de l'accusé ne diminuât sa liberté morale.

*La publicité* doit exister à l'égard de l'accusé et des tiers. Elle se confond dans le premier cas avec la contradiction qui suppose la présence de l'accusé pendant tous les actes de la procédure. Dans le second cas elle expose au grand jour tous les actes de la justice et place l'accomplissement de chacun d'eux sous les yeux et le contrôle du public.

L'oralité, qu'il ne faut pas étendre au-delà de ses justes

limites, est surtout relative aux déclarations des témoins.
Il n'y a que les déclarations des témoins qui doivent être
orales. Cette règle ne fait pas obstacle à la production
dans le débat d'actes et d'écrits, ni à l'admission des preuves écrites. La même théorie sur la preuve régit les tribunaux criminels comme les tribunaux civils (1).

L'accusé trouve enfin dans le jury des juges « dont la
moralité, l'instruction et le choix lui garantissent l'impartialité de la justice (2) ». Leur souveraineté dans les
verdicts qu'ils rendent, leur obligation d'écouter les parties
jusqu'au bout, se produisant sous la forme de nullité dans
le cas de manifestation anticipée de volonté, lui en sont
de précieuses garanties (3). Il en est de même du droit de
récusation qui permet aux parties de participer dans une
certaine mesure à l'élection de leurs juges.

Je citerai pour terminer deux règles protectrices de
l'accusé, l'une tendant à traiter l'inévidente culpabilité à
l'égal de l'évidente innocence, et l'autre à considérer l'accusé comme innocent jusqu'au verdict, malgré la plus ap-
parente réalité des charges.

Les preuves légales et le résumé du président ont dis-
paru par contre de notre code. Notre législateur a eu
raison de rompre avec le système des preuves légales. La

(1) B. LACANTINERIE. T. 1, n° 873.
(2) Rapport fait au corps législatif. Séance du 9 décembre 1808.
(3) Les exclamations ou les applaudissements des jurés avant
la clôture des débats sont considérés comme des opinions précon-
çues. — C. 6 mai 1892, Pand. Françaises, 1893 1.380.

conviction, fait essentiellement psychologique et abstrait, ne peut raisonnablement dépendre d'aucune règle précise, d'aucun texte légal. Elle est l'effet d'un travail intellectuel auquel il est impossible de tracer *a priori* la voie à suivre. Les preuves légales étaient un système mécanique et brutal. Elles obligeaient le juge à se tenir pour certain lorsqu'il y avait réunion de telles ou telles circonstances (1). Elles étaient surtout arbitraires en matière criminelle où la culpabilité constitue un problème moral, et n'est nullement subordonnée à la matériabilité évidente des faits. Aussi, ont-elles été fort heureusement remplacées par la souveraineté absolue du jury.

Le droit de parler le dernier recevait une atteinte par le résumé que devait faire le président. Le résumé n'apprenait rien, ou du moins ne devait rien apprendre quand les débats étaient clos. Il était souvent plein d'éloquence, et malgré toute l'impartialité des présidents, il faisait souvent incliner la balance en faveur de l'accusation.

Présentons maintenant quelques observations sommaires sur les rapports de la défense avec le ministère public, les parties civiles et les témoins.

(1) Ni l'aveu pourtant ni l'évasion ne prouvent, surtout d'une façon péremptoire, la culpabilité de l'accusé. Garofalo.

# CHAPITRE PREMIER



L'institution du ministère public prend naissance au commencement du xɪvᵉ siècle. Les intérêts du roi sont d'abord confiés à des avocats qui ne sont pas uniquement voués à cette tâche (1). C'est l'Ordonnance de Philippe le Bel en 1302 qui considère les fonctions du procureur du roi comme une véritable magistrature. Dès le xvᵉ siècle, le ministère public a l'initiative des poursuites. Il en garde la direction jusqu'à la fin du débat criminel. Mais ses attributions sont modifiées sensiblement pendant le droit intermédiaire. Elles sont, pendant la dernière phase du procès, réduites à leur minimum. Le ministère public siège alors à côté de l'accusateur public, qui soutient l'accusation, tandis que lui se borne à requérir la peine. Les attributions du ministère public devant la Cour d'assises sont actuellement déterminées par les articles 273, 315 et 335. Ces textes lui prescrivent d'être présent au débat, de faire un exposé d'accusation avant l'audition des témoins et de développer enfin les moyens qui en sont la base.

(1) J. COMMOUL. *Précis historique sur le Min., public. Revue historique*, 1881. P. 289.

L'exposé d'accusation est abandonné dans la pratique, sans aucune protestation de la doctrine qui ne voit en lui qu'une répétition inutile de l'acte d'accusation.

La tâche du ministère public consiste donc à requérir, toutes les fois qu'il le juge à propos, et à conclure sur les incidents contentieux du procès (1). Représentant du pouvoir social et requérant en son nom la vindicte publique, il constitue en fait, sinon d'après le vœu de la loi, l'adversaire du défenseur. L'égalité entre les deux parties du procès criminel, n'existe complète qu'en Angleterre et aux États-Unis (2). Il ne peut en être ainsi en France où le ministère public a des prérogatives inhérentes à la magistrature. Il forme partie de la Cour plutôt qu'il n'est placé sous sa direction. Il peut demander le huis-clos, interroger les témoins sans l'intermédiaire du président. Il ne peut jamais être l'objet de la disposition rigoureuse de l'article 270, d'après ce vieil adage du palais, qu'on n'interrompt pas le roi. Et la jurisprudence, accentuant cette inégalité, a permis au représentant de la société de lire des lettres qui ne font pas partie de la procédure, de produire des rapports de gendarmerie (3) contenant des renseignements de moralité, autres que ceux de l'accusation,

(1) Le soin de la loi est rempli lorsque le président lui adresse une interpellation à ce sujet. Il faut qu'il soit mis en demeure de prendre des conclusions. Peu importe qu'il s'en soit référé à la sagesse de la Cour.

(2) MITTERMAIER.

(3) Il y aurait trop à dire sur ces documents auxiliaires de l'accusation, qui ne sont que des chefs-d'œuvre de partialité.

et d'invoquer des souvenirs personnels. Il est difficile de
passer sous silence la partialité navrante de la Cour de
cassation qui a tranché ces mêmes questions (nous allons
le voir dans notre paragraphe sur la plaidoirie) contre
la défense, lorsque ce fut elle qui voulut s'en prévaloir.

Le ministère public n'est pas, selon la loi, comme la
partie civile, l'adversaire personnel de l'accusé. Il doit y
avoir dans ses réquisitions, une place égale aux charges de
l'accusation et aux justifications de la défense (1). En est-
il ainsi dans la pratique? Il serait naïf de le prétendre !
Le ministère public n'a perdu que le nom de l'accusateur
d'antan. Il en a conservé les habitudes, l'animosité, la
partialité et le désir en un mot de contribuer plutôt au
succès de l'accusation qu'au triomphe de la vérité. Qu'on
cherche à évoquer certains souvenirs d'assises et on ne nous
taxera certes pas d'exagération. Expose-t-il froidement et
sans parti pris les faits de l'accusation? S'abstient-il de
tout élément étranger à la recherche de la vérité? N'est-
il pas trop porté à assombrir démesurément les antécédents et le caractère de l'accusé, et à demander trop
souvent sa condamnation? Que de fois cependant le doute
existe d'une façon indubitable, et qu'ils sont rares les
avocats généraux qui abandonnent l'accusation ! Ces inconvénients pratiques, qui n'existent pas en Angleterre,
selon le témoignage de Mittermaïer (2), nous font désirer

(1) BOURGUIGNON sur l'art. 335 Cubain. F., HÉLIE, 7.3594.
(2) Traité de la proc. criminelle en Angl. en Écosse et aux

une réforme. Nous n'osons pas nous prononcer catégoriquement en faveur d'un amendement. Nous nous bornons à soumettre ce problème à l'attention de personnes plus compétentes et plus expérimentées. Sans doute, l'institution du ministère public a pour elle le mérite d'une longue date, et a droit à ce titre à quelque immunité.

Mais il doit être loisible à chacun d'en signaler les inconvénients et d'y appeler l'attention. Aussi nous demandons-nous s'il ne serait pas possible de remplacer le réquisitoire par un rapport de conseiller et, disons le mot, de le supprimer peut-être. Ce n'est qu'à cette seule attribution du ministère public, que nous porterions atteinte. Celui-ci conserverait toutes ses autres prérogatives, celles de mettre en mouvement l'action publique, et d'en avoir la direction avant et pendant les débats. Ce qui ferait désormais défaut, ce serait la voix passionnée de l'accusation. L'innovation ne serait cependant pas à l'abri de toute objection. On crierait à l'inégalité qu'elle entraînerait entre l'accusation et la défense, et à l'anarchie qu'elle amènerait dans notre organisation criminelle. Les criminalistes auront à voir ce qu'il y a de vérité et d'exagération dans ces critiques.

Les vices que nous avons signalés, ne sont pas inhérents à l'institution du ministère public, en ce sens qu'ils ne constituent pas des vices légaux ; mais qu'importe s'il est impossible de l'en dégager dans la pratique ! L'inégalité qui ré-

États-Unis, p. 160, 360-463. *Revue d'Édimbourg,* 1842, p. 369-373.

sulterait de l'innovation serait amplement justifiée, car
s'il est facile de donner aux charges de l'accusation la
consistance de preuves, il est très laborieux de les dissiper.
On pourrait réduire les moyens de l'accusation à un acte
d'accusation sans être forcé de réduire ceux de défense à un
acte de défense. La passion dans la défense est naturelle
et légitime, tandis que la préoccupation des représentants
de la société de faire triompher une poursuite ne peut
être qu'illicite.

# CHAPITRE DEUXIÈME



Le cadre de notre étude nous force de passer sous silence tout ce qui a trait à la constitution et aux droits de la partie civile. Nous ne ferons qu'une appréciation, très rapide du reste, de ses pouvoirs à l'audience. La partie civile, nous dit l'article 333, développera les moyens qui appuient l'accusation. Nous pensons fermement, au contraire, que la partie civile devrait être bannie à jamais de l'enceinte criminelle. Ce qu'il faut voir surtout dans la répression, c'est l'intérêt social. C'est cet intérêt d'ordre supérieur qui est débattu en Cour d'assises et il importe essentiellement d'en dégager le débat de tout élément civil. Le législateur tient compte de cette considération lorsqu'il dispose dans l'article 3 C. J. C. que l'exercice de l'action civile est suspendu tant qu'il n'a pas été prononcé difinitivement sur l'action publique. C'est donc de cette dernière qu'il se préoccupe tout d'abord, il veut qu'elle soit examinée, abstraction faite de tout élément hétérogène.

Cette sollicitude, dont nous ne saurions trop féliciter le législateur, n'est pas complète tant que la partie civile peut porter la parole devant le tribunal criminel, et mêler sa voix fatalement imbue de vengeance et de partialité à celle de la société et de la défense. Si la conception actuelle de la pénalité doit être étrangère à toute idée de vengeance privée, si les délits ne sont punis, qu'en tant qu'actes contraires à la justice sociale, pourquoi classer la partie civile parmi les parties du débat criminel ? Pourquoi l'inviter à s'associer au représentant de la société et à accabler l'accusé avec d'autant plus d'âpreté que l'intérêt (1) l'aveugle ? Car, qui oserait prétendre que la partie civile se borne à invoquer le préjudice souffert ? L'exposé de la partie civile est un réquisitoire sanglant et d'autant plus redoutable que celle-ci connaît mieux que personne l'origine du crime et les preuves qui peuvent en convaincre l'auteur. Cette coutume est absolument contraire à la loi qui veut que la partie civile reste dans le domaine du préjudice souffert. Le seul moyen à notre sens, de conjurer, ces abus, c'est de ne confier l'action civile qu'à ses juges naturels, les juges civils, de ne pas permettre en d'autres termes de l'introduire incidemment à l'action publique devant les tribunaux de répression. La loi classe la partie civile parmi les témoins reprochables. Il y a là une méfiance qui n'est pas vaine et qui constitue un argument assez puissant pour nécessiter une réforme.

(1) La partie civile n'est mue que par un intérêt purement matériel. C'est un point en effet de doctrine déjà admis que l'action civile résultant d'un délit est susceptible d'être cédée comme tout autre droit. — NOUG. 3. 2070. — MANGIN, t. 1. n° 126. TREBUT. 2. 182.

# CHAPITRE TROISIEME



Droit de citer des témoins à décharge (1), droit de
recevoir signification de tous les témoins assignés (2), droit
enfin de les interpeller, et de dire contre eux et contre leur
témoignage ce qui pourra être utile à la défense, telles
sont en cette matière les règles protectrices de l'accusé.

Nous n'insisterons que sur le dernier de ces principes.

L'accusé a le droit de dire contre le témoin tout ce qui
pourra être utile à sa défense. Le législateur de 1808 a cru
mettre ainsi un frein au droit illimité qu'avait l'accusé
sous le Code des délits et des peines (3). Le défenseur ap-
préciait alors souverainement la question à poser au témoin et la critique à faire à son témoignage. Etant donnés

(1) Art. 315. — Arrêt Cassat. 30 août 1894. — P. F. 95, 7. 57.
(2) La notification de la liste des témoins comme celle des jurés
sont des formalités qui avertisssent l'accusé de préparer sa défense. Art. 315. 269. comb. — Arrêt précité.
(3) Comparer art. 310. J. Cr. et 353, Code Brum. an IV.

les termes de l'article 353 du Code de Brumaire, aucune
mesure ne pourait être prise contre le défenseur, à raison
des faits calomnieux imputés au témoin. La rédaction de
l'article 319 actuel ne laisse aucun doute sur le changement de législation.

Le président a désormais un contrôle ; ce contrôle est
plutôt exercé par la Cour d'assises, car, si l'avocat prend
des conclusions, ce qu'il ne manquera pas sans doute de
faire, l'incident devenant contentieux, la Cour tout entière sera appelée à y statuer. Faut-il se féliciter de cette
réforme introduite par notre Code (1) ? Carnot le pense.
La vérité s'écrie-il « était paralysée dans la bouche des
témoins surtout dans celle des femmes sur lesquelles le
souffle impur de la calomnie laisse toujours des traces plus
ou moins profondes. » La critique n'est pas exagérée. Il
était fort à craindre, en effet, que la parole des avocats ne
devint par trop véhémente et injurieuse, la loi les autori-
sant à dire tout ce qu'ils jugeaient utile pour la défense.
Le vœu de la loi est cependant que les témoins puissent
déposer sans crainte (2) et ce vœu n'est plus platonique
depuis le Code d'instruction. Le président peut maintenant
repousser les reproches contre les témoins ou les investigations de leur conduite, qui, n'ayant aucun rapport avec
l'accusation, peuvent dégénérer en diffamation ou en injure. Il peut, dans un sens général, refuser (3) de poser au

(1) Tome 2. P. 501.
(2) Art. 317. J. Cr.
(3) Art. 270.

témoin toute question inopportune ou étrangère au débat. Le fait notamment d'appeler la déclaration d'un témoin sur l'appréciation morale d'un fait a été jugé inutile dans un arrêt du 19 décembre 1850 (1).Cette coutume qui est de nature à influer sur les jurés est essentiellement illégale, comme empiétant sur leur domaine.

Les rapports des témoins avec l'accusé sont donc désormais circonscrits. Il est vrai qu'aucune législation, pas plus que celle de Brumaire, ne peut permettre des invectives et des qualifications injurieuses dont le mobile est tout autre que la justification de l'accusé. Mais la sanction sans laquelle tout principe demeure inefficace faisait alors défaut.

Le défenseur peut-il développer dans sa plaidoirie les questions que le président s'est abstenu de poser les ayant jugées diffamatoires ? La négative doit être admise sans difficulté. Le Code a réglementé dans l'article 319 un principe général. La restriction contenue dans un texte ne doit, par conséquent, être méconnue à aucun moment de la procédure. Quelle serait la raison d'être d'une pareille restriction, si celle-ci dégénérait en licence au moment de la plaidoirie ? Dans l'appréciation de la Cour sur le caractère diffamatoire d'une imputation, il doit être tenu compte par celle-ci de l'intérêt de la défense (2). L'imputation est-elle de nature à profiter à l'accusé, la Cour doit se montrer large et clémente. Est-elle, au con-

(1) DALLOZ, 1851.5.515.
(2) NOUGUIER. Tome 3. n⁰ 2288. — SIREY Codes Annotés art. 319 — BOURGUIGNON. *Jurisprud. des c. c.* Tome 2. art. 315.

traire, étrangère à l'accusation, inspirée qu'elle est par un
ressentiment bien naturel dans la circonstance, la cour
doit la rejeter (1). L'intérêt de la défense est la pierre de
touche des pouvoirs de la Cour d'assises. Lorsque cet intérêt est en cause, la Cour doit difficilement le sacrifier
à des motifs de convenance et de moralité. Un arrêt de
Cassat. du 18 septembre 1824 (2), formule admirablement ces principes.

« Attendu, dit la cour suprême, que si l'article 319 autorise l'accusé à dire tant contre les témoins que contre leur
témoignage, tout ce qui peut être utile à sa défense, c'est à
la Cour d'assises qu'il appartient, en cas de difficulté, de
juger si la question ou l'interpellation que veut faire l'accusé est, ou non, utile à sa défense ; que le législateur l'a
voulu ainsi, afin d'éviter que sous le prétexte de sa défense
l'accusé ou son défenseur ne se livre à des reproches
contre les témoins ou à des investigations de leur conduite qui, n'ayant aucun rapport avec les faits de l'accusation, etc... »

Quant à l'injure, il n'y a jamais lieu de distinguer. On
ne peut jamais dire qu'elle est nécessitée par la défense,
elle dégénère dans tous les cas en irrévérence envers les
magistrats. La diffamation, au contraire, n'est prohibée

_______________

(1) Cass. 5 janv. 1897 *Gazette des tribunaux*. La cour de cas.,
rejetant le pourvoi contre un arrêt de la Cour d'assises de la Côte-
d'Or a décidé qu'il ne serait point demandé à un témoin combien
de fois et à quelles peines il avait été condamné.
(2) Bull. 348.

que lorsqu'elle dépasse les bornes d'une légitime défense.

Dans ces deux cas de prohibition, nous nous trouvons
en présence d'un délit et d'une action en réparation civile
et pénale. Il est vrai que la loi du 17 mai 1819 et du
29 juillet 1881 sur la liberté de la presse, ont posé, comme
règle générale, la libre défense devant les tribunaux et
ont établi que les discours prononcés ou les écrits produits devant eux ne peuvent donner lieu à aucune action
en diffamation ou injure. Mais ce principe n'est nullement absolu. Il doit être compris (1) en ce sens que l'action pénale ne peut être intentée à défaut de répression
immédiate ou de réserve de l'action. Le fait où elle prend
sa source n'est plus censé subsister à défaut de l'une et
de l'autre de ces conditions. La réserve de l'action cons-
tatée dans un procès-verbal est assimilée, à tort peut-être,
à la répression immédiate, car les expressions, le geste et
le caractère moral d'une interpellation ou d'une plaidoirie
fugitives, ne peuvent être appréciés et jugés que devant
le tribunal juge du fonds. Quant à l'action civile, tendant
à l'obtention de dommages-intérêts, elle retombe sous
l'empire du droit commun.

Toutes ces règles, délimitant les droits des témoins en
présence de ceux de l'accusé, sont contenues dans l'article 23
de la loi du 17 mai 1819, qui a été complètement repro-

_____

(1) C. 23 Août 1838, 1838. 1. 390. *Journal des audiences.*

duit dans la loi du 29 juillet 1881. L'article 319 du Code d'Instruction doit toujours servir de mesure au droit des témoins de demander des dommages-intérêts, de provoquer une mesure disciplinaire, ou d'agir postérieurement devant le tribunal correctionnel si les conditions requises se trouvent réunies. Il est toujours bien entendu qu'il n'y a pas de fait diffamatoire, lorsque ce fait n'a été relevé que dans l'intérêt de la défense.

Ce dernier principe ne doit jamais être perdu de vue, surtout dans le cas de l'article 31 de la loi de 1881 avec lequel il semble être en contradiction. Ce texte punit de peines sévères la diffamation commise envers un témoin, à raison de sa déposition, alors que l'article 319 semble l'autoriser lorsqu'elle est exigée par l'intérêt de la défense. Dans ce conflit des deux textes, plutôt fortuit que calculé, on doit s'arrêter sans hésitation à l'article du Code d'instruction. On peut cependant alléguer, pour justifier cette divergence, que l'hypothèse du défenseur ne s'est pas présentée dans l'esprit du législateur de 1881. Il est un nombre infini de cas, où le témoin peut être diffamé et il n'est nullement nécessaire que la diffamation se produise à l'audience. Il paraît cependant difficile d'exclure l'hypothèse du défenseur, étant donnés les termes absolus de l'article 31, aussi préfèrerions-nous ne faire aucune distinction, et appliquer ce texte dans tous les cas, en le combinant bien entendu avec l'article 319.

La loi assimile avec raison le député au défenseur.

M. Chassan, dans son excellent traité (1) des délits de la parole, remarque que le privilège de la défense, quoique touchant à plusieurs points à l'ordre public, ne concerne cependant d'une manière immédiate que des intérêts privés et ne peut aspirer à la même latitude. Cette assertion nous paraît contestable. Il est vrai que le défenseur sert aussi un intérêt privé, mais cet intérêt s'efface complètement devant l'intérêt d'ordre public, qui est, dans l'espèce, l'administration d'une bonne justice. A ce titre, le rôle du défenseur qui concourt à cette administration est aussi sacré que celui du député. Dans la première hypothèse, comme dans la seconde, la situation est identique, et l'immunité se trouve également légitimée. Les écarts de parole, absolument étrangers à la cause, doivent être bannis dans les deux hypothèses.

L'immunité ne doit appartenir à l'avocat que lorsqu'il use des moyens de défense établis par la loi (2). L'oralité domine, nous le savons, toute la procédure criminelle, elle doit par conséquent servir de mesure à cette immunité. Cette règle a notamment de l'intérêt en ce qui concerne les droits qui ne peuvent pas être considérés comme des moyens légaux de défense devant la Cour d'assises. Le droit commun reprend ici son empire. Les auteurs des écrits diffamatoires pourront par conséquent être traduits en police correctionnelle et punis conformément à la loi.

Nous venons d'étudier les droits des témoins dans leurs

(1) Tome 1. n° 114 et s.
(2) BOURG t. 2. p. 46. § II.

rapports avec la défense : examinons maintenant la question inverse, celle de savoir si l'accusé et son défenseur peuvent poursuivre les témoins et dans quelle mesure, à raison des diffamations ou injures contenues dans leurs dépositions (1). Il semble que la loi, en imposant au témoin de dire toute la vérité, l'exempte de toute responsabilité sauf dans le cas de faux témoignage. La justice toutefois ne saurait permettre des diffamations inspirées par un sentiment d'animosité personnelle. Pourquoi se montrerait-on plus large envers le témoin qu'envers le défenseur? Nous venons de voir que le droit de ce dernier ne va pas au-delà d'une légitime défense, pourquoi le droit du témoin ne s'arrêterait-il pas à une juste déposition? Que le témoin dise tout ce qui se rapporte à l'accusation, c'est un devoir impérieux pour lui auquel il ne saurait manquer sans devenir parjure, mais qu'on l'oblige de se taire, et qu'on le rende responsable dès qu'il sort des limites de la convenance ! Les injures et diffamations constituent dans certains cas un scandale que les magistrats peuvent réprimer, ayant la police de leur audience ; pourquoi déroger dans l'espèce à ce principe si général, contenu dans l'article 182 du Code d'instruction et à cet autre principe, que les séparations civiles doivent toujours être permises à moins qu'un principe d'ordre public ne soit en cause ? Or, dans l'hypothèse que nous venons d'envisager, l'ordre public n'est nullement engagé, car nous avons bien donné

(1) BARBIER. Code expliqué de la presse. 1. 781. — *Moniteur*. Année 1822. Séance du 29 juin.

à entendre que la plainte de l'accusé se rapporte à une diffamation étrangère à la cause. La bonne foi, qui dans ce
cas, couvre la déposition du témoin, n'existe plus.

Quelles sont les personnes responsables de la diffamation ? Cette question ne se comprend évidemment que dans
le cas où c'est l'avocat qui en est l'auteur. On se demande
alors si la responsabilité, émanant de la diffamation, doit
uniquement peser sur l'avocat ou sur l'accusé, ou si elle
doit être répartie entre ces deux personnes. Il est d'abord
hors de doute que la responsabilité pénale ne saurait exister en aucun cas à la charge de l'accusé lorsque la diffamation ou l'injure sont reprochés à l'avocat.

La question est plus délicate lorsqu'il s'agit d'établir la
responsabilité civile, et de rechercher contre quelles personnes la condamnation à des dommages-intérêts pourra
être prononcée.

L'accusé, avons-nous vu, *est censé* approuver tous les
faits allégués par son défenseur. Cette approbation résulte
d'une façon manifeste du mandat conféré au défenseur
lors de l'interrogatoire, et le silence de l'accusé, ainsi que
l'a établi un arrêt de la Cour de Bordeaux, n'est que l'ac-
quiescement à tous les faits articulés (1). Faut-il étendre
cet aquiescement aux implications diffamatoires à l'adresse
d'un témoin ou de la partie civile ? La solution doit être
légalement la même. Des considérations pratiques, quelle
que puisse être leur gravité, ne sauraient jamais modifier

_________

(1) 7 août 1844. D. 45. 2. 83.

un principe juridique. Si le consentement tacite ne diffère
pas, au point de vue de ses conséquences, du consentement
exprès, l'accusé, qui ratifie par son silence la diffamation,
ne doit-il pas supporter une part de la responsabilité qui
en découle ? Telle devrait être la solution logique d'après les
principes généraux du droit, mais l'article 37 du décret du
10 avril 1810 y a dérogé. L'avocat ne doit jamais d'après
ce texte avancer des faits contraires à l'honneur des parties s'il n'y a pas été expressément autorisé et par écrit.
Cette disposition de l'article 37 contient deux principes.
L'accusé n'est responsable de la diffamation que s'il l'a
autorisée expressément et par écrit ; l'avocat, l'est dans
tous les cas à moins qu'il ne prouve par écrit son mandat relativement à la diffamation. Le premier de ces
chefs peut être facilement justifié. En présence d'une
question aussi grave que celle qui a trait à la diffamation,
la loi a eu raison, peut-on dire, de se montrer exigeante,
et de ne pas se contenter d'une approbation tacite.
L'accusé peut s'éclairer d'ordinaire, s'en référer complètement aux lumières de son conseil. Il peut protester
sans doute dans certains cas, au moyen d'une interrup-
tion, ou d'explications complémentaires. Ceci cependant
peut paraître contraire aux habitudes judiciaires et bles-
sant pour l'avocat qui très souvent fait preuve de désintéressement et de zèle.

Il n'en est pas de même du second principe, établi par
l'article 37.

L'avocat est le premier juge de sa plaidoirie. Il a le

droit, et même le devoir de refuser tout ce qui est étranger à
la cause, tout ce qui est injurieux pour les parties sans être
utile à la défense. Ce principe est absolu, et il ne saurait
faire nullement défaut dans le cas que nous examinons.
Pour quelle raison exempterait-on l'avocat dans le cas de
diffamation que l'accusé a autorisée dans les conditions
voulues? Cette diffamation est-elle nécessitée par la défense ? Aucun grief ne peut être soulevé, et aucune responsabilité ne peut être encourue ! Est-elle au contraire
absolument inutile à la cause, l'indépendance de l'avocat
ne doit-elle pas repousser une pareille immunité ? Et l'avocat ne manque-t-il pas à son premier devoir en obéissant
dans ce cas aux injonctions de son client ? Nous pensons,
en résumé, que la responsabilité de l'avocat doit exister
dans tous les cas, tant au point de vue disciplinaire qu'au
point de vue civil (1).

(1) *Contra* DE GRATTIER 1. nᵒ 244. — BARBIER 1. nᵒ 793.

# CHAPITRE QUATRIÈME



La défense s'exerce à l'audience par des conclusions et par la plaidoirie.

Les conclusions consistent dans des observations du défenseur sur un incident contentieux. Elles entraînent l'obligation pour la Cour d'intervenir et de rendre un arrêt.

Le droit de plaider résulte de l'article 335 qui permet aux parties de développer leurs moyens. Ce sont de véritables plaidoiries que la loi autorise sous cette forme. La plaidoirie n'est qu'une discussion publique dans laquelle le défenseur a toute liberté d'examen et d'analyse, hormis l'outrage. Elle a pour corollaire nécessaire et indipensable la réplique. Il ne fallait pas, dit M. Nouguier (1), « laisser le nouveau système de défense sans contrôle, les confusions et les erreurs sans contradiction, le poison des fausses doctrines sans antidote, la puissance du talent sans contrepoids. »

L'article 335 réserve à la défense le dernier mot. Il fallait

(1) T. 42. 2541.

choisir nécessairement entre le ministère public, la partie civile et l'accusé. Donner la préférence à ce dernier, c'est la solution commandée par la raison et l'équité. Il est naturel que celui qu'on accuse ait la parole le dernier et puisse ainsi répondre à tout ce qu'on lui reproche. Adopter la solution contraire, c'eût été placer l'accusé dans l'impossibilité de répondre à tous les chefs de l'accusation.

La jurisprudence a reconnu jusque dans ses derniers arrêts la gravité de cette omission (1). Elle n'a jamais hésité à prononcer la nullité, toutes les fois que l'accusé a voulu s'en prévaloir. Mais la Cour suprême n'est pas allée plus loin. Restreignant la protection légale, elle a considéré le silence de l'accusé comme entraînant renonciation au droit de parler le dernier. Dès lors le président n'est nullement forcé d'adresser à l'accusé une interpellation à cet égard.

Sous l'empire du Code des délits et des peines, l'accusateur avait la parole, avant la partie civile, contrairement à ce qui se pratique actuellement. On a beaucoup discuté sur la valeur de la modification produite par notre Code d'instruction criminelle. La discussion manque, selon nous, d'intérêt pratique. Que ce soit le ministère publique ou la partie civile, qui commence par analyser les chefs de l'accusation, la situation de l'accusé ne diffère pas sensiblement. Celui-ci n'a aucun intérêt à ce que la discussion se produise dans tel ou tel ordre.

(1) Cass. 21 mars 1896. B. 112.

La question s'est présentée en 1852, devant la Cour de cassation dans des conditions assez bizarres. L'ordre de la discussion s'est trouvé interverti par le fait du ministère public qui s'est référé aux explications de la partie civile lorsque la parole lui fut donnée. Le défenseur a plaidé par conséquent dans l'espèce immédiatement après la partie civile. Mais ce qui fut caractéristique, c'est que le ministère public fit ensuite, sous forme de réplique, un véritable réquisitoire. Cet arrêt fut vivement critiqué. On ne lui a pas pardonné d'avoir obligé le défenseur de se défendre avant d'avoir connu tous les chefs de l'accusation. Quant à la réplique, elle a été, a-t-on dit, insuffisante, à ce moment tardif où l'épuisement et la fatigue ont fait perdre à l'avocat tous ses moyens. L'argument est spécieux. Il fait en outre complètement abstraction du droit qu'a la défense de demander la suspension ou le renvoi de l'audience au lendemain.

Le droit de discussion du défenseur doit être entendu de la façon la plus large.

Faire connaître aux jurés des verdicts rendus dans des affaires analogues ; lire des documents tels que les consultations sur des questions de médecine légale ; essayer de prouver par exemple à l'aide d'un rapport qu'il n'y a pas eu d'empoisonnement alors que l'accusé est poursuivi de ce chef : ce sont des points qui rentrent dans le cadre légitime de la plaidoirie. La jurisprudence s'est montrée souvent hésitante. Elle a montré plutôt des tendances à trancher toutes ces questions contre l'accusé (1). Elle a invoqué le pouvoir discrétionnaire pour justifier des refus arbitraires des présidents dont s'étaient plaints les accusés. La Cour a donné ainsi à ce pouvoir une portée qu'il n'a pas, car on ne peut jamais l'invoquer au mépris d'une disposition légale, encore moins d'un principe constitutionnel.

La division des pouvoirs entre la Cour et les jurés ne pouvait non plus être invoquée. En abordant ces divers points le défenseur n'empiète nullement sur le terrain juridique. Il use largement de son droit de discuter, de scruter et d'analyser les faits de l'accusation. En effet, c'est discuter un fait que de chercher à le contrôler et à le rapprocher d'un fait analogue, de vouloir en un mot raisonner par analogie.

C'est pour ces mêmes raisons que nous considérons comme très légal le développement d'une thèse relative à la réparation postérieure du délit. Cette thèse, qui n'est en somme que l'analyse de l'intention criminelle, serait à tort écartée par le président. De même de celle relative à l'ivresse. Il est évident que l'ivresse n'est pas une excuse légale ainsi que le pense la Cour de cassation. Mais le défenseur doit néanmoins pouvoir s'en prévaloir. Quel

---

(1) La cour d'assises de Haute-Marne avait refusé au défenseur de lire deux numéros de la *Gazette des tribunaux* relatifs à des décisions du jury portées dans des affaires antérieures. La Cour de cass. a rejeté le pourvoi qui suivit le refus. 23 décembre 1836.

est en effet son rôle sinon d'établir le degré de responsabilité qui pèse sur son client ? Et l'ivresse, qui atténue cette
responsabilité, ne doit-elle pas figurer en première ligne,
parmi les moyens de défense ?

Toutes ces questions se séparent essentiellement de
celles que le défenseur ne peut aborder sans sortir de son
cadre de défense. De ce que le défenseur ne peut s'ap-
puyer que sur la conséquence des faits et sur les déduc-
tions tirées de ces faits, résulte notamment l'impossibilité
pour lui de citer la loi pénale et de montrer aux jurés les
conséquences de leurs décisions (1). Nul doute que de tels
moyens soient contraires à la loi ; l'article 342, Inst. cr.
pose formellement le principe de la séparation des pouvoirs
entre la Cour et le jury. Ce texte conserve toute sa force
malgré la réforme de 1832 et l'admission des circonstances atténuantes. Rien ne nous dit que le Code, en introduisant les circonstances atténuantes, ait virtuellement
permis aux jurés de se préoccuper de la loi pénale. Les
défenseurs devraient donc s'abstenir de développer une
thèse qui ne rentre pas dans leurs attributions. Il n'en est
rien cependant. La loi pénale est citée dans toutes les
plaidoiries.

Le rejet d'une circonstance aggravante, qui existe manifestement aux yeux du jury, est même souvent demandé.
C'est qu'il y a sans doute un principe de raison qui domine
le principe juridique. La démarcation entre les attributions

_______________

(1) Arrêt précité.

du juge du fait, et celles du juge du droit est assez difficile à établir. La pénalité se confond nécessairement avec la culpabilité. Il est impossible de séparer complètement ces principes sans en méconnaître les caractères essentiels, et ce serait se servir des jurés comme d'organes incons-cients, que de les astreindre à rendre leurs verdicts sans se préoccuper de la loi pénale. Aussi a-t-on vu ce qui se faisait autrefois à Rome, la pratique se plaçant à côté de la loi et finissant par la supplanter et la détruire.

M. Beudant dans son traité sur l'indication de la loi pé-nale devant le jury, « est d'avis que le président doit non seulement permettre au défenseur de signaler la pénalité afférente au délit, mais qu'il doit la signaler lui-même, si le défenseur a omis de le faire, afin que le jury, parfaite-ment renseigné sur ce point, cessât de se parjurer pieuse-ment. »

Le défenseur n'obéit donc à aucune règle dans son choix des moyens de défense, sinon à celles qui résultent des arti-cles 311 et 270 et qui ne sont pas de vraies restrictions au principe de la liberté de la défense. Les juges doivent l'é-couter, libres et étrangers à toute prévention antérieure (1).

(1) Moins pour commenter cette allégation que pour reproduire un extrait de plaidoirie, nous transcrivons les lignes suivantes : (Les funérailles du général Lamarque furent le signal d'une in-surrection sanglante. Le gouvernement poursuivit les vaincus devant la Cour d'assises. L'un des plus compromis était Jeanne. Marie plaida pour Jeanne. Voici ce qu'il dit entre autres.)

« Soit, versez quelques larmes sur les nobles victimes de ces journées, mais hâtez-vous ! Il est un moment où la voix des passions doit s'éteindre. C'est lorsqu'un homme courbé sous

Ils doivent l'écouter patiemment, et n'user qu'avec modération (1) de la disposition de l'article 270 qui leur permet

une accusation capitale se trouve placé entre l'homme et Dieu. Il semble alors que la justice divine doive jeter quelques-uns de ses reflets sur la justice de la terre. Elevez-vous donc, Messieurs, car si l'accusation est prophétique, Jeanne touche à ce moment. J'ai compté sur vous, sur votre fermeté et aussi sur les idées élevées et pures dont vous a doté une civilisation progressive. Vous m'écouterez car la justice d'aujourd'hui, à l'exemple de la justice d'autrefois, ne se prostituera pas en esclave devant la volonté du vainqueur. Vous m'écouterez, car je ne viens point, plaçant la révolte sur un piédestal, la proclamer respectable et sainte... Un siècle ne devine pas le siècle qui le suivra et s'il apparait alors un homme en avant de son époque, il parle, on ne le comprend pas ; il agit, on le persécute ; il agit encore, on le tue. Cependant le temps marche et les générations étonnées élèvent des statues à ce précurseur séditieux.

(1) C'est pour la même raison que je reproduis un extrait de la plaidoirie de Paillet plaidant pour Mme Lafarge :

« Je le sais Messieurs, il y a là de ces petits détails qui à première vue sembleraient indignes, et de la gravité de la cause, et de la majesté de l'audience. Mais ce serait une erreur ; rien n'est à négliger de ce qui tient au caractère, à la position, aux habitudes de l'accusée. Tout à l'heure, je la prendrai par la main pour la conduire à travers ce labyrinthe que l'accusation a construit devant elle, mais avant de nous y engager, je voulais qu'elle vous fût bien connue ; j'avais besoin de vous faire pénétrer dans les moindres replis de son cœur, de vous la montrer, non telle que l'accusation s'efforçait de la peindre alors, dissimulée, astucieuse, perfide, trahissant pour ainsi dire son mari par anticipation ; mais bien telle qu'elle était réellement, bonne, simple, naïve, jouissant déjà de son prochain bonheur, le communiquant autour d'elle, léguant et distribuant elle-même à ses vieilles bonnes ses robes de jeune fille, que va remplacer la corbeille de mariage et surtout acceptant librement volontairement, et sans arrière pensée, l'homme qui a demandé sa main et l'avenir qui lui est offert... »

d'écarter tout ce qui leur paraît étranger au débat. Cette faculté n'entraîne nullement celle de fixer par anticipation la durée des plaidoiries, ni de retirer la parole au défenseur lorsque celui-ci n'a pas épuisé ses développements.

Quant à la possibilité de plaider en vers, la question semble dénuée de tout intérêt pratique. La question s'est présentée toutefois devant la Cour suprême. Un accusé avait commencé sa plaidoirie par ce vers : « Heureux l'homme rampant et cousu de bassesses ». La Cour suprême a rendu une décision qui est hors de toute critique. Si elle a rejeté l'arrêt de l'accusé, c'est qu'elle a considéré l'incident comme ayant compromis la gravité de l'audience. Elle a, au contraire, formulé implicitement le principe que la plaidoirie en vers n'a rien d'illicite. La Cour n'a sanctionné dans son arrêt que l'article 311. Nous en dirons quelques mots.

Faut-il considérer la disposition de l'art. 311 comme une atteinte à la liberté de la défense ? Nous avons effleuré dans un chapitre précédent la question des immunités de la défense. Les limites que l'article 311 semble y apporter ne sont pas de véritables restrictions. Elle n'assurent que la dignité de la justice dans la personne des magistrats qui laissent du reste à la défense toute son indépendance, toutes ses franchises. Ces dispositions sont sanctionnées par des mesures disciplinaires qui ne sont pas spéciales aux avocats et aux avoués, mais à tous ceux qui plaident devant la justice criminelle. Les parents et amis qui défendent un accusé doivent respecter les dispositions de l'article 311. Le pouvoir disciplinaire ne porte atteinte à aucune inviolabilité ; c'est pourquoi on a reproché avec raison au président de la Haute Cour siégeant à Bourges d'avoir refusé d'entendre, comme défenseur d'un accusé, M. Martin Bernard, sur le motif qu'en raison de l'inviolabilité accordée à ce dernier, il n'aurait aucun moyen d'action sur lui.

L'article 311 dispose que le président avertira le conseil de l'accusé qu'il ne peut rien dire contre sa conscience ou contre le respect dû aux lois, et qu'il doit s'exprimer avec décence et modération. Ce ne sont pas là de vraies restrictions, car le principe de la défense n'en est nullement atteint.

Les deux dernières de ces restrictions peuvent seules recevoir la sanction de l'article 181. L'obligation pour l'avocat de parler selon sa conscience est une obligation purement morale, qui, par sa nature même, échappe à tout contrôle. L'article 311 a notamment pour but d'interdire les écarts de parole qui peuvent constituer des délits d'audience. On ne doit cependant en tenir compte qu'en le combinant avec l'article 41,§5 de la loi de 1881 sur la presse, qui laisse impunies les diffamations commandées par les nécessités de la défense. Mais le président qui réprime un délit d'audience ne punit que le trouble apporté à l'audience et ne viole nullement la dernière de ces dispositions.

Vu, le doyen :
E. GARSONNET

Vu par le Président de la thèse :
A. LE POITTEVIN

Vu et permis d'imprimer,
*Le vice-recteur de l'Académie de Paris,*
GRÉARD

# TABLE DES MATIÈRES

### CHAPITRE TROISIÈME



## TROISIÈME PARTIE

### De la défense pendant la période intermédiaire.

### CHAPITRE PREMIER



### CHAPITRE DEUXIÈME



### CHAPITRE TROISIÈME



### CHAPITRE QUATRIÈME



## QUATRIÈME PARTIE

### De la défense à l'audience.



### CHAPITRE PREMIER

### CHAPITRE DEUXIÈME



### CHAPITRE TROISIÈME



### CHAPITRE QUATRIÈME

# ERRATA

Page 5   ligne  8 lire *leurs complices*      au lieu de leur complice
—   5   note   1   —   Lib. cit. L. 1. c. 8.         —   Loc. cit. I.1 c. 8.
—   9   —      1   —   T. 2. p. 257                  —   J. L. p. 257
—   18  ligne  18  —   ἀκροατὴν                      —   ἀκροαυὴν
—   19  —      4   —   λίθος                         —   λίδος
—   19  —      14  —   trouvent-elles               —   trouve-t-elles
—   24  noté   2   —   L. 8. c. 6.                   —   c. L. 8. 6
—   38  ligne  19  —   dans la plaidoirie           —   dans le plaidoirie
—   47  note   1   —   Procéd.                       —   Pro-céd.
—   47  —      2   —   L. 3. Ch. 13 n⁰ 15            —   L. 3. Ch. 215
—   59  ligne  8   —   connait                       —   connaît
—   74  note   2   —   I. Cr. T. 1.                  —   I. Cr. T. 2.
—   82  ligne  3   —   les éléments                 —   des éléments
—   91  —      8   —   ces magistrats               —   Les magistrats
—   122 —      3   —   s'ensuit                      —   s'en suit
—   123 note   2 *in fine* 7.3329                    —   7. 33-29
—   135 note   2   —   Diligence                     —   Dilligence
—   136 —      2   —   B. 190                        —   B. 1890
—   140 ligne  13  —   exigent                       —   exige
—   146 —      20  —   avocats du ressort           —   avocats au ressort
—   154 —      6   —   mulieres                      —   muliens.
—   167 —      10  —   materialité                   —   materiabilité
—   169 note   1   —   Le vœu                        —   Le soin
—   176 ligne  2   —   pouvait                       —   pourait
—   177 note   2 *in fine* art. 319                  —   art. 315
—   183 ligne  12  —   reprochées                   —   reprochés
—   183 —      23  —   imputations                  —   implications
—   186 note   1   —   T. 4.                         —   T. 42